KB110307

석가모니와 마르크스의
공생을 그려본다

– 석가모니와 마르크스의 사상, 사유 체계 비교

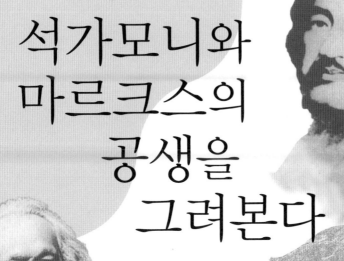

석가모니와
마르크스의
공생을
그려본다

– 석가모니와 마르크스의
사상, 사유 체계 비교

임동욱 지음

나라연

머리말

불교는 어렵다고 한다. 무엇이 있다고도 하고 없다고도 한다. 무엇이 옳은 것도 없고, 틀린 것도 없다고 한다. 공空 사상을 잘못 이해하면 아무것도 없다는 무無로 해석할 수 있다. 그러나 공 사상은 비어 있다는 의미의 공이 아니다. 공이란 불변하는 형상이나 독립된 실체가 없다는 것, 고정된 것은 없다는 의미이다. 따라서 고정된 생각을 버리고, 아집이나 아상我相을 버리고 나아가서 법상法相도 지우라는 것이다.

그런데 많은 사람에게는 항상 마음속이나 머릿속에서 무엇인가가 떠오르고, 눈에 보이고 손에 잡히는데, 이를 지우라고 하고 내려놓으라 하니, 이건 정말 알다가도 모를 일이다. 석가모니가 이런 것들을 말하니 정말 이해하기 어렵고 난해하다. 여러 경전 중에서도 일반 대중들에게 가장 많이 독송되고 인용되는 것이 『반야심경』이다. 필자도 오래전부터 '마하반야바라밀다심경 관자재보살' 등의 문구를 읽거나 독송했다. 처음에는 그 뜻이 무엇인지도 모르고 무조건 따라 읽었다. 그러면서 '색즉시공 공즉시색'에 이르니, 정말 멋있고, 무엇인가 심오한 뜻이겠거니 하고 생각했었다.

마르크스의 사상도 어렵다. 마르크스가 가장 심혈을 기울여 썼다고 하고, 지금까지도 많은 사람에게 강력한 영향력을 미치는 저작인『자본론』도 어렵기 짝이 없다. 필자가 처음『자본론』을 읽었을 때는 도통 무슨 말을 하는지 알 수가 없었다. 다만, 산업자본주의가 가장 먼저 꽃을 피웠던 영국에서 상당한 노동 착취, 특히 어린 아이와 여성들에 대한 착취가 심했다는 것을 어렴풋이 느낄 수 있을 뿐이었다.『자본론』은 자본주의 산업 사회에서 왜 노동 착취가 일어날 수밖에 없는가를 이론적으로 설명한 책이다.『자본론』의 첫 부분은 상품 분석으로 시작하며 가치와 교환 가치의 모순으로 이어진다. 이 부분이 가장 어렵고, 자본주의의 모순을 설명하는 핵심적인 부분이다. 이 원리를 이해하는 데 몇 년이 걸렸다.

처음 이 책을 쓰게 된 동기는 대중들에게 석가모니와 마르크스의 사상이나 사유 체계를 쉽게 설명하고자 함이었다. 그러나 글을 써가면서, 점차 이런 생각이 어렵다는 것을 직감했다. 이는 두 가지의 이유 때문이었다.

첫째는 석가모니와 마르크스의 사상과 사유 체계가 워낙 방대하고 심오하여, 이를 체계적으로 정리한다는 것이 너무 힘들었다. 두 번째는 이들의 사상과 사유 체계에 공통의 그 무엇이 있는지를 찾기가 쉽지 않았다. 특히 이들의 사상과 사유 체계의 공통분모를 찾아 이를 비교하는 작업이 어렵다는 것을 직감했다. 그러나 글을 써가면서 점차 이 두 사람의 사상과 사유 체계에 공통점이 많다는 것을 알게 됐고, 이 둘의 사유를 비교해서 두 사람의 공생을 찾아보기로 했다.

석가모니와 마르크스 모두 실천가이자 혁명가였다. 석가모니는 '석가(샤카)족의 깨달은 사람(붓다)'이라는 뜻이다. 석가모니는 소왕국의 왕자로 태어나서 결혼도 하고 아들도 낳았으나, 과감히 가정을 벗어던지고 출가를 택해, 고행의 길로 들어서서 깨달은 자인 '붓다'라는 호칭을 얻었다. 마르크스는 부유한 유대인 가정에서 태어나 박사학위를 취득하고, 안온한 학자의 길을 갈 수 있었으나, 이를 거부하고 평생을 힘들게 살았다. 그는 평생을 어렵고 힘들게 살아가는 무산자라는 뜻을 지닌 프롤레타리아*의 삶을 걱정하다 가족도 제대로 돌보지 못하고 생을 마감했다. 두 사람 모두 안온함을 버리고 고난의 길을 택했다. 많은 사람에게, 특히 보수적인 사상가들은 마르크스가 『공산당 선언』을 썼다는 이유로 그를 '붉은 선동의 박사'라 부르며 비난했지만, 그의 인생 전체를 보면, 그는 선동가라기보다는 완고한 연구자였다.

석가모니는 고통에서 벗어나는 데는 내가 어리석다는 것을 깨닫는 것이 중요하다고 생각했다. 석가모니는 인간의 고통은 신이나 절대자가 주는 것이 아니라, 나 자신에게서 나온다고 믿었다. 고통은 내가 어리석다는 것을 깨닫지 못하는 무명과 무지에서 나온다고 했다. 그는 나를 버리고 내 것을 버리고 욕심을 버리면, 정토 세계가 온다고 굳게 믿었다. 마르크스는 노동자의 삶이 왜 이렇게 힘들 수밖에 없는가에 대한 원리를 밝히려 했다. 마르크스는 세상에서 가장 많은 비중을 차지하는 계층인 임금 노동자들의 삶이 왜 이렇게 어렵고 힘든가를 논리적으로 설명하려 했다. 그에게 진리란

---

* 프롤레타리아는 고대 로마의, 정치상 권리도 병역 의무도 없고, 자녀만을 낳는 생산자인 Proletarius에서 나온 말로, 자본주의 사회 내에서 자본가 계급인 부르주아지와 대립하고, 자기 자신의 생산수단을 갖지 않으며, 살기 위해서 자신의 노동력을 팔지 않으면 안 되는 임금 노동자 계급을 말한다. 철학사전편찬위원회(2009), 『철학사전』, 도서출판 중원문화, 996쪽.

평범한 사람들이 겪는 경제적 궁핍과 노동 착취의 원인을 밝히는 것이었다. 이것이 그가 꿈꾸는 이상적 세계였다. 노동자의 고통을 줄여 주고, 노동자가 행복하게 사는 세상을 만드는 것이 그의 목표였다.

이 책은 석가모니와 마르크스 사유의 공통점을 찾는 데에 초점을 맞추었다. 먼저 이들의 사상과 사유에서 공유와 공생의 가능 여부를 타진해 보았다. 다음은 석가모니와 마르크스의 평등사상을 그들이 살았던 시대 상황에 비추어 조망해 보았다. 석가모니와 마르크스 모두 근원적 평등사상을 지니고 있었다. 다음으로 그들의 사유와 사상 체계를 비교해 보았다. 두 사람 모두 형이상학과 형식논리학을 배제하였다. 그들은 물질과 정신의 관계, 몸(육체)과 마음(정신)의 관계, 대상과 인식의 관계, 육체적 행위와 정신적 행위의 관계에서 물질과 정신의 상호관계성을 중시했다. 이 물질과 정신의 관계에서, 석가모니는 물질과의 접촉 후에 이루어지는 정신적 측면에 집중적으로 관심을 기울였고, 마르크스는 물질적 접촉 후의 사회적 존재나 대상, 특히 경제적 관계에 치중하였다. 이런 부분들 때문에 불교는 관념론으로, 마르크스주의는 유물론이라 불리기도 했다. 나는 이 둘의 관계를 단선적이거나 기계적으로 보는 데에 반대한다. 물질과 정신의 관계, 대상과 인식의 관계 그리고 몸과 정신의 관계는 이분법적으로 보아서는 안 된다. 이 둘의 관계는 상호관계적 또는 변증법적 관계이다.

형식논리학은 개념, 판단, 추리 등 사고의 형식들을 항상 변하지 않는 것, 일정불변의 것, 고정적인 것으로 여기고, 이 형식의 항상성·불변성·고정성을 보증하는 법칙들을 찾는 데 주력한다. 이에 비해 변증법적 논리학은 사고 형식을 유동적인 것, 변화하는 것, 움직임(운동)이 있는 것으로 보면서, 이들 형식의 유동성·가변성·운동성에 주목한다.

석가모니는 어떤 것도 고정되고 불변하는 것은 없다는 사고를 유지했다. 흔히들 석가모니를 관념론자로 보고 있지만, 그는 관념론자도 유물론자도 아니었으며 형이상학자도 아니었다. 그는 양극단을 피하는 실천적 중도의 태도를 보였다. 석가모니는 중도를 통해서 절대주의와 신비주의를 넘어서는 방식을 택한 실용주의적인 분석론자였다. 논리 체계에서도 형식논리학보다는 변증법적 태도를 견지했다. 석가모니는 변하지 않는 것은 없다고 하는 고정불변의 성질과 자성을 가진 개념을 부정했다. 이는 무상과 무아, 공의 개념으로 발전했다.

마르크스는 사물을 변화·발전하는 것으로 이해했으며, 어떠한 사물이나 개념도 고정된 것은 없다는 변증법적 사고를 유지했다. 다만 정신과 물질의 관계에서 마르크스는 인간의 의식이 그들의 존재를 규정하는 것이 아니라, 그들의 사회적 존재가 그들의 의식을 규정한다고 했다. 유물론에서는 물질과 조건, 환경을 우선시하지만, 관념론이나 불교에서는 그 출발을 정신으로부터 시작하면서, 정신세계에 관심을 기울였다.

석가모니는 인간 존재의 인식과 사유에 대해 끊임없이 고민해 왔다. 당시의 지배적인 사상은 심리적·물리적 자아와는 구분되는 영원불변의 정신적 자아가 존재한다는 것이었다. 그러나 석가모니는 절대 불변의 것은 존재하지 않는다는 무상과 무아를 설파했다.

석가모니는 오온五蘊으로 존재의 실체를 규명하고자 했다.

석가모니는 인간 존재의 실체를 육체와 정신의 분리라는 이분법적 방식으로 설명하지 않았다. 마르크스는 물질과 정신의 관계에서 사회적 존재가 의식을 규정하는 것이지 사유가 사회적 존재를 규정하는 것은 아니라 했다. 의식과 사회적 존재는 긴밀히 연결돼 있다. 의식은 우리 자신을 둘러싸고 있는 물질적 환경 사이의 상호작용의 결과이다. 관념론에서는 인간의 사유 자체를 중시하는 반면, 유물론은 이 사유가 실현되는 사회적 대상과 사회적 관계에 더 관심을 기울인다. 마르크스의 유물론적 사고는 실천적 인간이 실현하는 현실 세계와 대상에 관심을 더 기울였고, 이는 변증법적 유물론과 역사적 유물론을 통해서 전개됐다.

석가모니와 마르크스 모두 고통이라는 문제에 대해 근본적 성찰을 하며 해결책을 시도했다. 그들 모두 고통에 대해서는 같은 문제의식을 지녔지만, 그 원인을 찾고 고통을 해소하는 방식에서는 차이가 났다. 석가모니와 마르크스 모두 소유욕과 집착을 고통의 원인으로 바라보았으며, 석가모니가 인간 존재에 관한 탐구를 시작한 동기는 바로 인간 내부에 내재하는 고통에서 해방되려는 욕구 때문이었다. 석가모니가 인간에 대한 자비와 사랑을 깔고 있었다면, 마르크스는 부르주아지에 대한 비판과 부정을 깔고 있었다. 석가모니가 나 자신의 성찰을 통한 고통의 완화를 추구했다면, 마르크스는 경제 환경과 구조, 특히 노동의 조건과 과정을 바꾸는 데 주력했다.

석가모니는 나의 무지를 깨닫는 것이 중요하다고 했다. 어리석음을 깨닫지 못하는 것이 무명無明이고, 이 무명과 무지에서 벗어나는 길이 고통에서 빠져나오는 길이라는 것이다. 마르크스는 노동자의 빈궁과 노동 착취의 원인을 밝히는 데 주력했다. 그는 고통의 원인이 되는 소외는 인간 스스로가 일한 대가를 제대로 받지 못하는 데서 비롯된다고 했다. 그는 소외를 유적 인간의 소외에서 시작하여 정치적 소외, 그리고 경제적 소외와 노동의 소외로 발전시켜 나갔다. 마르크스는 고통이란 말을 별로 사용하지 않았지만, 고통의 원인이 되는 소외에 대해서는 상당히 많은 언급을 했다. 마르크스에게 소외란 사회적 조건 아래서 생기는 것이다. 인간의 소외는 자신의 자유의지가 얼마나 반영되고 관철되는가에 달려 있다. 마르크스는 자본주의의 병폐를 해소하고 일하는 주체인 개인의 고통을 줄이려는 방법의 하나로 소외 개념을 정립하고 확산시켰다. 그는 자본주의 사회를 인간 중심이 아니라 상품과 자본, 기계가 중심이 되어 생산 활동이 주를 이루는 체제로 파악했다.

　이처럼 고통과 소외를 해소하는 방식은 달랐다. 즉 석가모니는 고통의 원인을 인간 자신의 내부에서 찾았고, 이를 해소하는 길은 마음에서 나온다 했다. 마르크스는 고통의 원인을 외부에서 찾았고, 이를 노동 과정의 혁신이라는 외부적 환경과 경제적 조건에서 찾고자 했다. 그러나 고통의 해결 방식에 있어서 이를 이분법적으로 생각할 필요는 없다. 외부와 내부 또는 정신과 육체는 따로 떼어내서 생각할 수 없다. 석가모니의 신身·구口·의意 삼업三業이라는 행이나, 몸과 마음, 정신적 행과 육체적 행위를 분리해서 생각할 수는 없다. 마르크스는 이런 문제들을 변증법적 방식으로 해결코자 했다. 변증법적 유물론과 사적 유물론은 인간 행동과 행위를 외부와 내부, 몸과 마음, 양과 질, 부정의 부정 등의 방법을 통해 인간의 역사에 적용한 것이다.

삶의 풍요로움이란 물질적 부만을 의미하지는 않는다. 풍요로움에는 정신적인 측면과 물질적 측면이 함께 포함돼 있다. 현대 자본주의는 인간의 욕망을 최대한 끌어올려 소비를 극대화하는 체제이다. 정신적 풍요와 물질적 풍요는 상호관계적이다. 물질적 집착은 마음으로 다스릴 수 있다. 어떠한 행위, 그것이 정신적 행위적이건 육체적 행위이건 간에 이를 제어하고 다스리는 것은 마음이다. 불교에서 '무소유'를 거론하곤 하는데, 이보다 더 중요한 것은 '무집착無執着'이다. 무소유도 중요하지만, 욕망이나 집착에서 벗어나는 것이 더 중요하다. 석가모니의 정신적 행은 마음의 평화를 가져다주고, 마르크스의 신체적 행은 물질적 평등을 가져다준다.

허술했던 책의 완성도를 높여 주고, 격려해 주신 목경찬 교수님, 같은 도반이면서 함께 믿음의 길을 걷고 있는 아내 정경인에게 진정한 감사의 말씀을 드린다. 본인은 정토회 불교대학과 경전 대학을 졸업하며 진리 탐구의 길에 깊이를 더하게 되었다. 정토회 도반들께도 무한한 감사를 드린다. 그리고 이 책을 아름다운 책으로 만들어 주신 나라연 오세광 대표님에게도 깊은 감사의 말씀을 올린다.

2022년 8월
임동욱 두 손 모음

차 례

머리말 / 5

1.
석가모니와 마르크스의
공생 가능성

석가모니와 마르크스 사상의
비교 가능성

"색에 대해서 알지 못하고 밝지 못하며 끊지 못하고 탐욕을 떠나지 못하면 괴로움을 끊을 수 없느니라."

─『잡아함경』제1권「무지경無知經」

"가장 먼저 확인되어야 할 사실은 이러한 개인들의 실존이다. 그러므로 가장 먼저 확인되어야 할 사실은 이 신체적 조직에 따라 맺어진 나머지 자연과의 관계이다."

─ 마르크스/엥겔스, 『독일 이데올로기』

이 두 문장은 석가모니와 마르크스 사유의 방향을 잘 나타내고 있다. 석가모니는 색에 대한 무지에서 괴로움이 비롯된다고 했다. 색은 물질과 육체 또는 물질의 성향을 뜻한다. 석가모니는 색에서 탐욕이 생기고 이를 끊지 못하는 것이 고통이라 했다. 석가모니는 색이라고 하는 물질, 또는 물질적 성향에서 괴로움이 생기는 것으로 보았다. 마르크스는 세상의 원리와 인간 역사는 인간이라는 유적 존재가 지닌 신체적 조직에 따라 맺어진 개인과 자연의 관계에서 시작된다고 보았다. 인간과 자연과의 관계는 노동이라는 정신적 행과 육체적 행이 결합한 합작물이다.

석가모니와 마르크스 모두 물질적인 것과 정신적인 것을 따로 떼어 놓거나 분리해서 생각하지 않았다. 이런 면에서 석가모니와 마르크스의 사고는 공유할 부분이 상당히 많다. 그렇지만 석가모니와 마르크스의 사유와 사상을 비교하는 데는 또한 상당한 어려움이 있었다. 불교를 연구하는 사람들은 마르크스에 대해 언급하는 것 자체를 꺼린다. 왜냐하면, 불교를 공부하고 붓다의 말씀을 따르는 사람들이 어떻게 감히 마르크스를 언급할 수 있느냐는 편견이 내재하기 때문이다. 이런 편견의 결과이든지 간에 불교도들이 마르크스를 공부하거나 이해하려고 하는 사람들이 거의 없었다. 마르크스를 공부하거나 연구하는 사람들 또한 불교에 관심을 두지 않았다. 이는 동서양에 걸쳐 벌어진 공통된 현상이었다. 마르크스를 공부하는 사람들은 종교 비판, 특히 기독교 비판에는 상당한 열을 올렸지만, 불교나 석가모니에 대해서는 거의 언급을 하지 않았다.

석가모니 부처는 약 2600여 년 전에 이 땅에 왔고, 카를 마르크스는 약 200여 년 전 이 세상에 왔다. 그들이 이 땅에 온 지 2566년, 또는 204여 년이 됐지만, 이들이 인류에게 끼친 영향은 이루 말할 수 없다. 부처의 사상과 실천 행위는 동아시아와 서남아시아 그리고 최근에는 미국과 서유럽에도 영향을 미치고 있다. 그의 사상에 기초한 불교는 대승불교, 소승불교, 티베트불교, 선불교라는 형태로 세계 곳곳에 영향을 확대해 가고 있다.

마르크스의 사상과 실천 행위도 전 세계에 영향을 미치고 있다. 인류의 1/3은 그의 저작과 사상에 기초하여 나라를 세웠거나 공산주의와 사회주의 사상을 실천하였다. 나머지 2/3도 그의 사상에 의해 긍정적이든 부정적이든 영향을 받았다. 지금까지도 세계에서 마르크스주의, 공산주의자, 빨갱이라는 말은 여전한 위력을 발휘하고 있으며, 아직도 많은 사람에게, 특히 한국 사람에게는 마르크스(주의)는 소련이나 중국 공산당, 북한의 노동당 같은 일당 독재나 생산 수단의 국유화 같은 이미지가 강하게 남아 있다. 마르크스주의는 시대에 뒤떨어진 위험한 생각, 혹은 불온한 사상이라고 치부된다. 이런 현상은 소련 붕괴 후의 러시아나 중국 공산당 그리고 북한 노동당의 정치 체제와 행태를 떠올리면, 당연한 일로 여겨질지도 모른다. 그러나 현재의 이들 '사회주의' 국가들은 진정한 마르크스주의나 '공유' 정신에 입각한 '공산주의' 국가라고 볼 수 없다. 이들은 모두 국가 소유를 실행하고 독재 체제를 유지하여 민주적 체제를 거부하고 있다. 앞으로 살펴보겠지만 이는 마르크스가 역설한 '공유' 또는 '공산주의적' 사고와는 상당히 거리가 있다.

이런 점에서 한국불교학회가 2018년 12월, 마르크스 탄생 200주년을 맞이하여 '불교와 Marxism'이란 주제로 학술대회를 개최한 것은 상당한 의미가 있었다. 그 학술대회에서는 「포스트−휴먼 시대의 대안으로서 붓다와 마르크스의 대화」, 「마르크스주의 종교 비판과 불교의 사회 인식」, 「맑스, 루만 그리고 붓다─사회적인 것의 세 가지 관찰 형식을 중심으로─」, 「연기법과 역사유물론─외부성의 사유에서 평등성의 사유로—」의 4개 논문이 발표되었다. 이들 논문은 연구자들이나 일반인들에게 석가모니의 사상과 마르크스의 사상이 공유될 수 있다는 계기를 만들어 주었다.

『무위의 공동체』,
무위와 공유 의식, 공산주의

다음으로 주목해야 할 부분은 장 뤽 낭시, 모리스 블랑쇼, 조르주 바타유 등이 전개한 공유 의식과 공동체에 관한 개념이다. 이들에 의하면, 공동체는 어떤 식으로든 개인을 거대한 공동체에 통합하고 흡수하는, 즉 '융합과 연합을 위한 공모', '감옥과도 같은 공동체' 같은 표상과 이미지를 지니고 있다. 모리스 블랑쇼는 공동체에서 떠오르는 이런 공포에서 탈출하기 위해 '무無'를 생각해 냈다. 그는 "'비움의 무한', '어떤 공동체도 이루지 못한 자들의 공동체'를 떠올리며, 공동체에 대한 경험의 궁극적 형식과 접했다."[1]라고 하였다.

장 뤽 낭시는 이를 좀 더 구체화하여, '무위의 공동체'라는 개념을 만들어 냈다. '무위'는 '디저브리désœuvrée'를 한자로 번역한 것이다. '어브리œuvre'는 과제를 뜻하는데, 분리, 제거 또는 부정을 뜻하는 '디des'와 결합하여, '디저브리désœuvrée'를 '과제가 없는' 또는 '행위가 없는'이라는 뜻의 무위無爲라 불렀다. 낭시는 바타유와 블랑쇼를 따라, 나와 타자 사이의 우정이나 무한한 대화라 불릴 만한 소

---

1) 모리스 블랑쇼·장 뤽 낭시 지음(2005), 박준상 옮김(2005), 『밝힐 수 없는 공동체/마주한 공동체』, 문학과 지성사, 48쪽.

통이나 공동체에 가까이 접근했을 때, 이를 '무위'라 했다.[2] 낭시는 "공동체는 블랑쇼가 무위無爲(désœuvrée)라고 명명한 것에 자리 잡는다."고 한 구절[3]에 착안하여, 책 이름을 『무위의 공동체』로 명명했다. 따라서 무위는 과제 내에서, 또는 과제 너머에서 과제로부터 빠져나오는 것을 의미한다. 무위는 생산과 완성을 위해 할 일이 더 없으며, 다만 우연히 차단되고 분산되며 유예에 처하게 되는 것을 의미한다.

　『무위의 공동체』에서 말하는 무위는 불교의 무위와 같은 개념은 아니나, 이를 불교의 무위와 연결해서 생각할 수 있다. 낭시는 소련과 동유럽의 해체 그리고 교조주의적 마르크스주의의 패퇴 이후에, 공산주의와 공동체의 문제가 여전히 유효할 수 있다는 점을 언급함으로써 주목을 받았다. 낭시는 공동체가 어떠한 종류의 구성된 사회(국가를 비롯해서 크든 작든 모든 동일성의 집단)와도 일치될 수 없다고 했다. 낭시는 "공동체는 자리 잡았던 적이 없었다."고 말한다.[4] 낭시의 주장이 주목을 받는 이유는 사회 내로 환원되지 않는 '관계' 또는 사회 내에서 고착되지 않는 '관계' 때문이다. 그 '관계'는 단순히 반사회적인 것이 아니라 사회의 진정한 조건이자 근거인 우리의 '자연적인' 평등의 장소이며 자유를 누릴 수 있는 장소를 의미한다. 낭시는 그 장소를 '무위無爲'라 이름했다. 그는 그 무위가 어떤 구도나 목적 또는 의도된 기획이나 프로그램에 따라 규정되거나 고정되어서도 안 된다고 했다.

---

2) 앞의 책, 119쪽.
3) 장 뤽 낭시 지음(2010), 박준상 옮김, 『무위의 공동체』, 인간사랑, 79쪽.
4) 앞의 책, 40쪽.

낭시는 마르크스는 물론 그 누구도 넘어서지 못했던 어떤 표상을 염두에 두고 있었다. "그 표상은 공동체는 스스로 구축되는 것을 자신의 고유한 과제(œuvre)로 삼는 것을 의미한다." 낭시는 이를 '무위의 공동체'라 명명하였다.[5] 블랑쇼는 나와 타자 사이의 우정이나 무한한 대화라 불릴 소통 그리고 공동체에 가까이 접근했을 때, '무위'라는 말을 원용했다.[6] 따라서 그는 나와 타자 사이에 격이 없고, 어떠한 장애가 없는 상태에 이르렀을 때를 무위라 불렀다.

초기 불교 경전인 『잡아함경』 제12권 「심심경甚深經」에서는 유위有爲와 무위無爲를 구분하여 설명한다.

"이와 같이 두 법이 있으니, 이른바 함이 있는 법(有爲)과 함이 없는 법(無爲)이다. 함이 있는 법이란 나기도 하고 혹은 머무르기도 하며 혹은 달라지기도 하고 혹은 소멸하기도 하는 것이다. 함이 없는 법이란 나지도 않고 머무르지도 않고 달라지지도 않고 소멸하지도 않는 것이니, 이것을 비구의 모든 행의 괴로움이 적멸해져서 열반에 드는 것이라고 하느니라."[7]

무위란 불생不生, 부주不住, 불이不異, 불멸不滅을 말한다. 『잡아함경』 제31권 「무위법경無爲法經」에서는 무위를 좀 더 구체적으로 설명한다.

---

5) 모리스 블랑쇼·장 뤽 낭시 지음(2005), 박준상 옮김(2005), 『밝힐 수 없는 공동체/마주한 공동체』, 문학과 지성사, 119쪽.
6) 앞의 책, 119쪽.
7) 김월운 옮김(2015), 『잡아함경 2』, 동국역경원, 73~74쪽.

"어떤 것이 무위법인가? 이른바 탐욕을 영원히 없애고 성냄과 어리석음을 영원히 다 없앴으며 일체의 번뇌가 영원히 다 없어진 것이니, 이것을 무위법이라 하느니라."[8]

무위無爲란 만들어진 것이 아닌 것, 각종의 원인·조건(인연)에 의해 생성된 것이 아닌 존재를 뜻한다. 인과관계를 떠나 있는 존재이다. 생멸 변화를 넘은 상주절대常住絕對의 진실, 현상을 떠난 절대적인 것을 말한다. 열반의 다른 이름이기도 하다.[9] 따라서 모든 탐욕을 없애고, 성냄과 어리석음을 없앰으로써 일체의 번뇌가 다 없어진 상태인 열반에 드는 것이다.

낭시와 블랑쇼 등의 무위 개념이 불교의 무위 개념과 꼭 일치하는 것은 아니나, 이들은 무위를 '과제에서 빠져나오는 것', '생산과 완성을 위해 할 일이 더 없는' 상태를 상정하고 있다는 점에서 불교의 무위와 일치하는 부분이 있다. 불교에서의 무위법은 마음의 분별심을 없애라는 것인데, 이들이 언급하는 무위에도 하지 않음, 또는 과제가 없다는 뜻이 담겨 있으니, 비슷한 측면이 있다고 할 수 있다.

다음으로 이들이 고민한 것은 공유 의식이나 공동체와 공산주의가 지향하는 목표와 동기(모티브)에 관한 것이다. 그동안 공동체와 관련해서 가장 많이 언급된 단어는 공산주의였다. 사실 공산주의는 현실 정치 담론과 지형에서는 공동체 정신과 거리가 먼 개인을 억압하는 실체로 인식돼 왔다. 이는 공동체에 대한 배신이었다. 낭시

---

8) 김월운 옮김(2015), 『잡아함경 4』, 동국역경원, 36~37쪽.
9) 길상 편저(2017), 『불교대사전』, 홍법원, 672쪽.

는 블랑쇼의 『밝힐 수 없는 공동체』에 대한 반응에서, 공동체에 대한 의미를 새롭게 환기해 주었다.

"무엇보다도 블랑쇼는 주의를 환기해서 공동체라는 모티브의 중요성을 증명해 보여 주었기 때문이다. 사실 공산주의가 그동안 강압적으로 은폐해 왔지만, 또한 나타나게 하였던 것이 있었다. 그것은 '공동체'에 대한 요청이다. '공동'이라는 것은 하나의 수수께끼였고 난제였으며, 규정될 수 없는 특성이 있었고, 아직 주어져 있지 않은 것이었으며, 그러한 의미에서 가장 '공동의 것'이 아니었다. 그 점을 공산주의는 은폐해 왔지만 역으로 입증해 보여 주고 있었다."[10]

이들이 즐겨 언급하는 '공동-나-존재'의 진정한 의미는 서로 분리된 개인들의 한계를 떠맡는 실체나 주체의 우월한 형태를 가리키지는 않는다. 개인으로서 나는 모든 공동체에 닫혀 있으며, 만약 절대적으로 개인적인 어떤 존재가 존재할 수 있다면, 개인은 무한하다고 말해도 과언이 아니다. 요컨대 개인의 한계란 개인과 무관한 것이며, 다만 개인을 둘러싸고 있을 뿐이다. 그런 의미에서 무위의 공동체는 '공동-나-존재'의 비밀을 더 비밀스럽게 만든다. 즉 무위의 공동체는 '공동-나-존재'의 비밀에 접근하는 것이 불가능하다는 것을, 또는 차라리 금지되어 있다는 것을, 나아가 그렇게 하는 것을 억제하고, 그렇게 하는 것에 대해 순결함이나 부끄러움을 가

---

10) 모리스 블랑쇼·장 뤽 낭시 지음(2005), 박준상 옮김(2005), 『밝힐 수 없는 공동체/마주한 공동체』, 문학과 지성사, 120~121쪽.

져야 한다는 것을 강조했다.

이들이 공동체 의식을 공산주의에서 찾으려 시도한 것은 상당한 의미가 있다. 이들은 서유럽에서도 터부시되고 있는 '공산주의'라는 이념을 인간 주체성의 실현체인 '나-우리-공동체'와 관련해서 논의의 물꼬를 텄다. 이런 점에서 이들의 '무위의 공동체' 개념은 불교의 '무위', 마르크스의 공유 의식, 공동체, 공산주의의 개념으로 이어지는 계기를 만들었다. 불교의 승가 공동체나 마르크스가 지향하는 공산주의라는 공동체 모두 '공유 의식'과 '무위의 정신'을 담는 것이 아닌가?

절대자 중심의 사고에서
벗어나기

석가모니와 마르크스의 사유에서 공유되고 있는 부분은 절대 개념에 대한 거부이다. 그들은 모두 절대 개념과 변하지 않는 절대적 실체를 거부했다. 고대인의 자연관에서 자연은 신 그 자체이면서 철저하게 인간을 지배하고 통제하는 존재로 여겨졌다. 그리스·로마 신화에서 제우스신은 바람·불·물 등 온갖 자연을 관장하는 신들을 만들었고, 이 자연신들은 신이면서 인간이었다. 초기 서양의 역사에서도 신과 자연은 절대적인 존재이지만, 여전히 신이 먼저이고 자연은 그 신의 명령과 지배를 받는 존재로 파악됐다.

레이먼드 윌리엄스는 고대인의 사고에서 신과 자연과의 관계에서도 신은 절대자이면서 자연은 그의 행정관이며 부관이라고 하였다.[11] 플라톤은 자연은 신이 창조한 것이고, 인간도 신이 창조한 것이라 했다. 중세의 세계관도 절대 신이 먼저 존재하고, 다음에 신이 만든 자연 세계가 탄생하며, 그다음에 신이 만든 인간 세계가 탄생하게 된다. 플라톤이 강조한 신성하고 절대적 개념의 이데아적 사고는 오랫동안 유럽의 사유 체계를 지배했다.

석가모니는 신의 계시인 베다의 신성한 권위에만 의지하는 바라문을 신랄하게 비판했다. 석가모니는 초자연적이며 초감각적 능력을 지닌 절대의 개념을 부정했으며 아트만이나 브라만과 같은 초월적 존재의 은총과 중재를 거부했다. 그는 신의 계시와 증언 같은 지식의 원천을 비판했다. 이는 신 중심의 사고에서 인간 중심의 사고로의 전환이었다. 그 당시의 사람들은 각종의 절대적이며 초월적인 신의 존재를 굳게 믿었다. 석가모니는 신 중심의 신본주의에서 인간 중심의 인본주의로 사고를 전환하였다.

시대적으로 비슷한 시기인 고대 그리스에서도 인본주의가 싹을 피웠다는 것은 우연의 일치가 아닐 것이다. 고대 그리스에서는 소피스트들이 인본주의적 사유를 하였다. 이전의 철학자들과 달리 소피스트는 물리적 대상뿐만 아니라 사회의 도덕적·규범적 문제들을 포함한 인간의 본질에 관한 철학적 탐구를 시작했다. 아테네를 중심으로 한 고대 그리스 철학의 물줄기가 자연적인 피지스physis에서 인위적인 노모스nomos로 바뀌게 됐다.[12]

석가모니는 인간의 고통이 어디에서 오느냐에 관심을 기울이며,

---

11) Raymond Williams(1980), *Problems in materialism and culture*, London: Verso Editions and N.L.B., 69~71쪽.
12) 최민자 지음(2011), 『동서양의 사상에 나타난 인식과 존재의 변증법』, 모시는 사람들, 398~399쪽.

구체적인 인간의 문제에 대한 사유를 시작했다. 그는 인간의 고통이 색에 대해 알지 못하는 무명과 탐욕에서 비롯된다고 하였다.

"색에 대해서 알지 못하고, 밝지 못하며 끊지 못하고 탐욕을 떠나지 못하면 괴로움을 끊을 수 없느니라."

색이라는 물질, 육체 또는 물질의 형태에서 구체적인 인간 고통의 원인을 찾고자 했다.

마르크스는 신 중심의 세계에서 인간 중심의 세계로 전환하는 첫 시도를 유물론적 사고로 시작했다. 그는 당대의 종교, 특히 기독교의 신앙이 현실 세계와는 동떨어져서 움직인다고 보았다. 종교는 어디까지나 인간 세계의 문제와 밀착해 있어야 하는데 현실은 구체성이 없는 하늘의 문제만을 다룬다고 생각했다. 인간의 구원은 초역사적이고 초자연적인 어떤 절대적인 정신에 의해 이루어지는 것이 아니라 인간의 현실적 조건과 환경에 의해 이루어지는 것이라 보았다. 구원은 하나님의 계시 때문에 이루어지는 것이 아니고, 삶의 의미도 초월적 하나님에 의해 주어지는 것이 아니라고 보았다. 그의 관심은 땅에 발을 붙이고 사는 구체적 인간의 삶에 있었다.

마르크스는 사적 소유와 인간의 감각 기관의 속성을 연결하면서 인간 생존의 물적 토대를 강조했다.

"사적 소유의 지양은 모든 인간적 감각과 속성들의 완전한 해방이다. 그러나 사적 소유의 지양은 이러한 감각과 속성들이 인간적으로 될 때, 곧 주관적인 동시에 객관적으로 될 때 비로소 이러한 해방으로 된다. 눈은 인간의 눈으로 된다. 마찬가지로 대상은 사회적이고 인간적인 대상, 곧 인간으로부터 기인하여 인간을 위해 존재하는 대상으로 전화한다."[13]

마르크스에게 진정한 해방은 인간이 자기 자신의 감각과 속성들이 온전히 자기의 것이 되고 자유로워질 때 가능하다. 이는 석가모니가 말하는 색과 12처로부터의 해방이 온전한 자기 해방이나 해탈의 경지로 이루어질 수 있다는 것과 비교했을 때, 상당히 흥미롭다. 두 사람 모두 감각 기관으로부터의 해방이 인간의 해방으로 이어질 수 있다고 보았다. 색이나 물질적 상태를 제대로 보아야만 인간 해방을 이룰 수 있고, 고통에서 벗어날 수 있다는 것이다.

인간 고통에 대한
고뇌와 성찰

석가모니와 마르크스의 사유 방식은 달라 보이기도 하지만 비슷한 점도 많다. 가령 고통이라는 문제에 대해 두 사람 모두 근본적 성찰을 하며 해결책을 시도했다. 그들 모두 고통에 대해서는 같은 문제의식을 지니지만, 그 원인을 찾고 고통을 해소하는 방식에서는 차이가 났다.

석가모니와 마르크스 모두 인간의 욕망과 소유욕을 고통의 원인

---

13) 카를 마르크스 지음, 김태경 옮김(1987), 『경제학·철학 수고』, 이론과 실천, 89쪽.

으로 바라보았지만, 해결 방식은 차이가 났다. 석가모니는 고통의 원인을 인간 내부에서 찾는다. 고통은 나로부터 출발한다. 석가모니에게는, 내가 가진 것을 포기하고, 내 것을 놓아 버리고, 나의 고집과 집착을 내려놓는 것이 고통을 줄이는 길이다. 욕심과 욕망 자체를 갖지 말라는 것이다. 석가모니에 의하면, 소유욕이란 무엇인가를 가지거나 취하려는(取) 욕망이고, 그 욕망은 대상에 대한 갈애渴愛에서 비롯된다. 갈애는 무엇인가를 간절히 좋아하는 것이다. 욕망과 갈애는 고정돼 있지 않고 끊임없이 변하는, 실재하지 않는 무상한 것에서 비롯된다. 소유욕과 갈애가 고통의 원인이라는 것을 모르는 게 무명이고 무지이다. 이런 연유로 불교의 십이연기는 무명에서 시작되며, 석가모니는 이 욕심과 소유욕의 원인이 무지에서 비롯된다는 것을 강조했다.

이렇듯 석가모니는 인간의 고통은 무지와 무명에서 비롯된다고 보았다. 고통이란 단순한 육체적 괴로움이나 정신적 괴로움만이 아닌, 일체의 모든 것이 항상恒常하지 않고 반드시 변화한다는 무상無常에서 비롯된다. 우리의 주위를 둘러보고 세상을 바라보면 모든 것은 변한다는 사실을 알 수 있다. 그런데도 우리는 이 모든 것이 변하지 않고 계속해서 지속할 것이라는 망상 속에서 살고 있다. 우리는 젊은 날의 건강과 생기가 영원히 지속될 것처럼 생각하면서, 평생을 왜 나는 생기가 없고, 건강하지 못한가 하고 한탄하면서 살아간다. 자신도 머지않아 늙어 몸이 쇠약해지고 병들어 고통의 시간을 보내야 한다는 점을 깨닫지 못하고 있다. 모든 것은 변하는데 나만은 변하지 않을 것이라는 착각과 망상 속에 살고 있다.

석가모니는 모든 것은 변한다는 것을 알아챘고, 이를 무상이라는 원리로 정리했다. 나는 언젠가 늙을 것이고, 언젠가 병들 것이며, 즐거웠던 이 순간도 금방 지나갈 것이고, 내 생각과 감정·느낌도 금세 변하리라는 것, 즉 무상, 항상 같지 않다는 것을 깨달았다. 따라서 '항상 같지 않다'라는 단순한 진리에서 출발해야 고통이 사라진다고 설파했다. 이와 같은 이 세상과 법의 원리를 모르는 것이 무명이다. 무명의 원리를 깨닫고 마음의 평화를 유지하는 것이 고통에서 벗어나는 길이다.

반면에 마르크스는 고통의 원인을 경제적 조건에서 찾았다. 불교의 연기 원리 중에 내연기內緣起와 외연기外緣起가 있다. 연기의 차원에서 보면 석가모니는 마음의 연기인 내연기를 중시했고, 마르크스는 외연기인 경제적 조건이나 자본주의의 구조적 모순을 강조했다. 마르크스는 고통의 시작을 자기 소외에서 찾고 있다. 마르크스에게 소외란 인간 스스로가 자신을 행위의 주체자로 인식하지 못하고 대상으로 종속시키는 것을 말한다.

마르크스는 초기에는 인간이 신에게 의지하여 인간의 주체성을 갖지 못한다는 종교적 소외에서 출발하여, 점차 정치적 소외, 나아가 경제적 소외로 그 영역을 확장했다. 억압적이고 폭압적인 국가에 의한 정치적 소외의 개념은 경제적 소외, 나아가 노동의 소외로 점차 확대된다. 소외의 근원적 형태는 소외된 노동이다.

노동자는 자신의 몸에서 나오는 정신적·육체적 힘을 팔아서 생명을 유지하나, 자본주의에서 이미 그의 몸은 자기의 것이 아닌, 자본가의 소유이므로 그는 소유 관계에서 배제되어 있다. 이것이 인간이 맛보게 되는 소외의 근본 원인이다. 소외된 노동은 자기 자신을 위한 것이라기보다는 항상 남을 위하여 생산하여야만 하고, 노동자 자신에게는 별로 이득이 없는 실속 없는 노동이다. 물론 보상이 주어지기는 하지만 이는 자본가나 경영진이 가져가는 것보다 항상 적다고 느끼는 것이 근본적인 소외감의 시발점이다. 인간이 자유의지를 갖지 못하고 타인에 의해 종속되고 의존하게 되어 자유의지를 박탈당한 상태이다. 마르크스는 이러한 자본주의에서의 근원적 소외가 인간 고통의 출발점이라고 보았다.

그래서 그는 소외와 고통을 줄이는 방안으로 생산 수단의 공유를 통한 공동체 사회인 공산주의를 꿈꿨다. 그에 의하면, 공산주의는 종래의 모든 생산관계와 교류 관계의 기초를 변혁하는 공동체 사회이다. 그는 공동체 정신이 없으면 공동체 사회나 공산주의는 불가능하다고 보았다. 공산주의는 생산관계의 대전환이다. 개인은 (타인과의) 공동 관계에서 비로소 자신의 자질을 다방면으로 발전시킬 수 있는 수단을 갖게 된다. 따라서 프롤레타리아들은 자기실현과 자신을 인격으로서 주장하기 위해서는 생존 조건이기도 한 노동 양식을 지양해야만 한다고 했다.[14]

그는 노동 양식을 바꾸고 생산관계를 변혁하여서 새로운 공동체 사회를 만들어 갈 수 있다고 역설했다. 그러나 마르크스가 예측한 대로, 생산관계가 바뀌고 노동 양식이 바뀐다고 해서 인간의 소유욕이 사라질지는 의문이다. 인간의 소유욕은 인간의 실체적 본성을 이루는 하나의 요인이므로, 사적 소유의 제거만으로 해결할 수 있는 문제는 아니다.

인간의 소유욕과 욕망의 억제는 불교에서 말하는 내적인 마음의

---

14) 카를 마르크스·프리드리히 엥겔스 지음(2015), 김대웅 옮김(2015), 『독일 이데올로기』, 두레, 131~141쪽.

다스림을 통해 이룰 수 있다. 따라서 석가모니가 강조한 마음의 다스림(내연기)과 마르크스가 강조한 생산적 관계의 다스림(외연기)의 조화를 통해 고통과 소외를 줄일 수 있다.

석가모니 시대의
계급

농경 생활과 집단생활을 하고 도시화가 이루어지면서 고대 문명이 형성된다. 인도에서 세계의 4대 문명 중 하나인 인더스 문명이 탄생했다. 4대 문명은 역사 발전 과정에서 계급과 국가가 발생하여 문명의 진전이 가장 빨랐던 지역을 일컫는 말이다. 티그리스·유프라테스강 유역에서 전개된 메소포타미아 문명, 나일강 유역의 이집트 문명, 황허강 유역의 황허 문명, 인더스·갠지스강 유역의 인더스 문명이 그것이다.

이들 문명의 특징은 도구의 발달과 농업의 발전에 따라 인류가 원시공동체 사회에서 벗어나서 한곳에 머물러 사는 정주형의 농업 사회로 변했다는 것이다. 여유(잉여) 생산물이 발생하고, 사적 소유가 생겨나면서 사회 구성원 간의 평등한 관계는 무너졌다.

여유 농산물은 사적 소유를 강화하며 여러 계급을 탄생시켰다.

정치 지도자가 등장하고 이들에 의해 주도된 전쟁은 더 큰 사회 집단을 탄생시키며 강력한 도시국가를 탄생시켰다. 도시국가들은 전쟁을 치르면서 주변의 도시들을 병합해 가며 강력한 왕권을 가진 고대 국가로 변모하였다. 인더스 문명은 기원전 3000년 중엽부터 약 1000여 년 동안 인더스강 유역을 중심으로 형성됐다. 인도 북부에서 발원한 인더스강은 파키스탄을 거쳐 인도양으로 흘러들어 가는데, 강 유역을 따라 인더스 문명이 형성되었다.

인더스 문명은 선주민인 드라비다족이 만든 문명이었다. 번성하였던 인더스 문명은 기원전 1600년경 지진이나 강물의 범람 등 확인되지 않은 어떤 원인으로 몰락의 길에 접어들었다. 기원전 1500년경 아리안족이 침입하기 시작했을 땐 인더스 문명은 이미 생명력을 다해 가고 있었다. 철제 무기로 무장한 유목민인 아리안족은 큰 어려움 없이 선주민을 정복했다. 아리안족이 선주민인 드라비다족을 정복하면서 만든 새로운 문화를 아리안 문화라 한다. 이들은 기본적으로는 선주민을 힘으로 굴복시켜서 노예로 만들었고, 한편으로는 원주민들과 함께 어울려 살면서 혼인 관계를 맺어 공동체를 형성하기도 하였다. 그러면서 그들은 점차 인더스강 지역에서 갠지스강 유역으로 이동해 갔다.

아리안족은 자연신을 숭배했다. 그 중에도 태양신을 신앙했다. 반면에 농경 생활을 하던 드라비다족은 풍요와 다산을 기원하면서 생식의 신을 숭배했다. 아리안족과 원주민은 오랜 기간을 함께 살면서 서로의 문화가 침투하기도 하고 융합되기도 하였다. 그리하여 오늘의 인도 문화를 만들었다.

아리안족이 가지고 온 『리그베다』는 인도 사회의 기본이 된다. 여기에 토착 신앙이 융합하여 브라만교로 발전한다. 『리그베다』는 이들이 남긴 최고의 저작물이다. 『리그베다』는 총 10권의 책으로 구성돼 있는데, 아리안족이 펀자브 지역으로 이주하면서 옮겨 온 1028수의 시를 10권에 담았다. 천지·자연·신에 대한 찬탄과 혼인, 장례, 역사, 격언, 철학 등을 담았다.

『리그베다』에 초기 아리안족의 생활상이 담겨 있으므로 이 기간을 『리그베다』 시대라 부른다. 『리그베다』 시대에 아리안족이 신봉했던 종교가 브라만교이고, 브라만교에서 절대 성전으로 떠받드는 경전이 『리그베다』였다.[15]

후기 베다 시대(기원전 1,000~600년)에 접어들면서 상당히 큰 세력을 갖춘 도시국가들이 출현하며 왕권이 강화되었다. 인더스 지역의 펀자브 지역에서 갠지스강 유역으로 이동한 아리안족은 농업을 기반으로 소도시를 형성하였다. 이를 기반으로 새롭게 대두된 자산가 계층의 지지를 바탕으로 전제군주가 출현하여 강력한 왕권을 지닌 국가가 출현하였다.

이 당시 번성했던 16대 강국은 앙가, 마가다, 카시, 코살라, 밧지, 말라 등이었다. 16대 강국의 통치 형태는 크게 군주 정치와 공화 정치로 나눌 수 있는데, 밧지국과 말라국은 부족 중심의 공화 정치 형태를 취하고 있었고, 코살라국과 마가다국을 비롯한 대부분 국가는 전제적인 국왕이 통치하는 군주 정치 형태였다. 그중에서 특히 코살라와 마가다가 최강국이었으며, 중심 세력으로서 패권을 다투고 있었다.

---

15) 길상 편저(2017), 『불교대사전』, 홍법원, 539~540쪽. 김행선 지음(2010), 『초기 경전에 나타나는 석가모니의 생애와 사상』, 선인, 19쪽.

도시국가들 사이의 정복 전쟁은 기원전 4세기경까지 이어졌다. 이 과정에서 이들 정복 국가들은 드라비다족을 비롯한 토착 원주민을 하층민이나 노예로 복속시키며 아리안족의 우월성을 강조하였다. 그들의 이러한 선민의식이 인도의 독특한 사회적 신분제도인 카스트 제도를 만들어 냈다.[16]

계급	신분	사회적 업무	비유(신체)
브라만	사제	제사의식, 신의 힘을 대행	지혜와 머리, 입
크샤트리아	왕족, 무사	신의 뜻을 집행	가슴과 팔, 옆구리
바이샤	서민	농사 등 경제활동에 종사	배와 무릎
수드라	노예	피정복민, 농사와 수공업	발(발바닥)

브라만은 제1계급으로 제식을 독점하고 종교적 권위를 지닌다. 크샤트리아는 두 번째 계급으로 그들의 임무는 전쟁과 통치를 담당한다. 이들은 농민에게서 징수한 세금으로 생활 기반을 삼았다. 석가모니는 왕족이기에 크샤트리아 계급에 속했다.

제3계급인 바이샤는 평민으로 구성되어 있으며, 브라만과 크샤트리아의 두 상층 계급에 의해 통치를 받는 자들이다. 그들은 대부분 농사나 목축 등의 생산 기능을 담당했고, 일부는 수공업에 종사하기도 했다. 바이샤들은 베다 시대 말기에는 상업에도 종사했다. 이 바이샤 계급은 베다 시대에 유일한 조세 납부 계층이었는데, 그들이 낸 조세와 공납물로 브라만과 크샤트리아 계급이 생활해 갔다. 이 세 계급의 공통점은 모두 베다에 의해 재탄생의 상징을 지니는 의식인 우빠나야나, 즉 성사星絲 수령식의 권리를 부여받았으며,

---

16) 김미숙 지음(2007), 『인도불교사』, ㈜살림출판사, 7~8쪽.

베다를 공부할 수 있었다.

마지막의 제4계급인 수드라는 가장 하위의 천대받는 계급으로서 이들은 우빠나야나 의식을 행할 수 없었고, 사회의 무능력자로 낙인찍혔다. 그들은 다른 사람의 종으로 부려지는 대상이었다. 이들에게 가해지는 학대와 억압은 현시대에서는 상상도 할 수 없는 것이었다.[17)

석가모니가 활동했던 시기는 인도에서 두 번째의 도시화가 이루어지고, 규모가 큰 도시국가가 작은 규모의 도시국가들을 침략하여 강제로 병합을 시도했던 시기이다. 이 강제적 병합 과정에서 노예도 발생하지만, 상업에 종사하는 자유민도 생겨났다. 자유민의 증가는 불교가 확산하게 되는 계기가 된다. 하지만 당시의 인도는 이미 4대 종성이 확고하게 뿌리를 내린 계급 사회였다. 석가모니는 이 시기에 브라만의 절대적인 권위에 도전하며, 평등사상을 고취하였다.

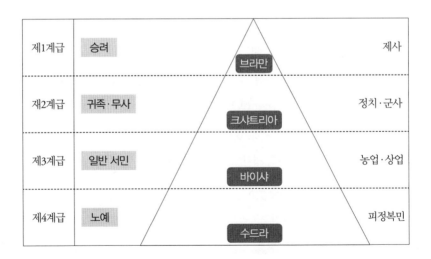

제1계급	승려	브라만	제사
재2계급	귀족·무사	크샤트리아	정치·군사
제3계급	일반 서민	바이샤	농업·상업
제4계급	노예	수드라	피정복민

---

17) 김행선 지음(2010), 위의 책, 20~22쪽.

마르크스 시대의
계급

마르크스가 활동하던 시기는 산업혁명을 겪으면서 급격히 산업 자본주의가 활성화되는 시기였다. 산업혁명을 거치면서 봉건 영주와 농노적 관계가 중심이 되는 봉건제 사회는 붕괴하기 시작한다. 산업혁명은 인구 성장을 불러왔고, 산업에 과학과 기술이 적용되었으며, 무엇보다 자본을 더 집중적이고 더 광범위하게 적용할 수 있는 계기를 만들어 주었다.

농촌 인구가 도시로 유입되어 산업화에 필요한 산업 노동자로 변모했다. 이처럼 농촌이 해체되고 도시화가 급속하게 진행되면서 경제의 중심이 농업에서 공업으로 이전되는 산업 사회가 태동한다. 농촌 지역에서 도시로의 인구 유입이 늘어나면서 이는 새로운 사회 계급인 임금 노동자가 출현할 수 있게 했다.

산업화는 도구에서 기계로의 전환이 이루어지고 산업과 공업의 기술적 기초로서 기계가 대거 발명됨에 따라 종래의 공장제 수공업(매뉴팩처)이 대규모의 공장제 생산으로 전환됨을 의미한다. 기술 혁신은 인간이 자연이 가진 힘과 그 법칙성을 인식하고 이용하면서 사회적 생산력을 높일 수 있었기 때문에 가능했다.

도구가 인간을 단순하게 보조하는 역할에서 벗어나서 기계 자체가 힘을 낼 수 있는 기술적인 도구로 전화함에 따라, 기계는 인간의 생산이나 생산관계에서 독립적인 변수가 되었다. 이는 자연과 인간, 그리고 말이나 소 등 가축의 힘에 의존하던 힘과 에너지의 원천이 기계로 이전됨을 의미하고, 인간이 기계에 의존하고 종속되는 계기가 된다.

가내수공업 수준에 머물렀던 공업은 이제 공장이라는 새로운 작업장을 만나면서 획기적인 발전을 하게 된다. 공장에서 이뤄지는 분업이 물건을 만드는 속도를 수백 배나 끌어올렸다. 노동자와 노동자가 맡은 작업이나 일의 관계가 변모했는데, 이제 노동자는 직접 손으로 연장을 가지고 일하던 방식 대신 기계를 조작하게 되었으며 공장의 규율에 예속되었다.

산업혁명은 철과 같은 새로운 소재의 사용, 새로운 에너지원의 활용, 새로운 기계의 발명, 분업과 협업을 통한 생산조직체의 혁신 등을 통해 상품의 대량 생산을 가능하게 했다. 이와 동시에 농촌의 인구가 대도시에 있는 공장으로 유입되어 도시화를 이루게 된다.

산업혁명은 인간을 빈곤과 굶주림에서 해방하며 사회 전체에는 상당한 부를 가져다주었지만, 자본주의 체제의 심화는 빈익빈 부익부와 부의 양극화를 초래했다. 산업혁명을 통한 생산력의 급속한 성장은 인간의 인간에 대한 노동 착취 덕분에 가능했다. 자본주의가 자랑하는 엄청난 생산력과 부의 축적은 노동자의 희생이 없다면 불가능한 것이다. 산업혁명 덕분에 인류는 사상 처음으로 빈곤의 굴레에서 해방될 계기를 얻었다. 18세기 말에서 20세기 말까지 약 200년 동안 영국의 1인당 소득은 20배 가까이 증가했다.

그러나 산업혁명이 인류를 빈곤과 굶주림에서 해방하고 장밋빛 미래만을 약속한 것은 아니다. 초기 자본주의 체제가 가져온 빈익빈 부익부와 부의 양극화는 인류에게 또 다른 과제를 남겼다. 생산량은 폭발적으로 증가했지만, 그 열매는 고르게 분배되지 않았다. 자본가들은 주체할 수 없는 풍요로움을 누리며 사치와 소비를 즐겼지만, 노동자들의 삶은 극도로 비참했다. 여성과 어린이들조차 하루 17~18시간의 중노동에 시달렸다. 5세 미만의 아이들도 방직기 앞에 서야만 했다.

이렇게 일하고도 이들의 임금은 최저 수준을 벗어나지 못했고, 빵과 감자로 겨우 입에 풀칠만 하는 수준이었다. 열악한 작업 환경에서 병이 들거나 산업재해로 불구가 되어도 한 푼도 보상받지 못한 채 쫓겨나는 일도 허다했다.

당시 영국 노동자의 평균 수명이 17세 미만이었다는 사실은 노동자들의 삶이 얼마나 피폐하고 비인간적이었는지를 짐작케 한다. 찰스 디킨스의 『올리버 트위스트』[18]는 산업혁명 당시의 비참한 생활상을 배경으로 하고 있다. 이 소설에는 찰스 디킨스 자신이 어린 시절부터 공장에서 중노동에 시달렸던 경험이 녹아 있다.

마르크스가 프로이센에서 활동하던 때와 프랑스, 벨기에, 그리고 영국으로 망명을 하여 활동하던 때는 유럽 전체가 산업자본주의의 극적인 진전을 맛보던 때이다. 특히 영국은 산업혁명을 거치며 산업자본주의의 모순이 생생히 나타난 곳이었다. 산업혁명은 경제 체제가 농업과 수공업 위주의 경제에서 공업과 기계를 사용하는 제조업 위주의 경제로 변화하는 과정을 말한다.

---

18) 찰스 디킨스는 1812년 포츠머스 교외에서 하급 관리의 아들로 태어났다. 디킨스는 집안의 경제 사정이 좋지 않아 어린 나이인 12살부터 공장에서 일하게 됐다. 그는 공장에서 일하며 당시의 비인간적이며 비참한 노동 현장을 직접 경험하였다. 『올리버 트위스트』는 이런 디킨스의 경험을 토대로 작성된 소설이다. 태어나자마자 어머니를 잃고 고아가 된 올리버 트위스트는 생명을 유지하기 위해 소매치기, 도둑질로 암울하고 비참한 환경 속에서 인생의 밑바닥을 전전하며 살아간다. 어쩔 수 없이 어두운 뒷골목의 삶을 살아가지만 따뜻한 마음과 용기를 잃지 않고 살아가는 올리버 트위스트의 삶은 당시 어려운 삶을 살아가는 대다수 노동자와 서민층에게 큰 위안을 주었다.

산업혁명은 공장제 공업에 의해 촉발되었다. 가내수공업 수준에 머물렀던 공업은 이제 공장이라는 새로운 작업장을 만나면서 획기적인 발전을 하게 된다. 공장에서 이뤄지는 분업이 물건 만드는 속도를 수백 배나 끌어올렸기 때문이다.

공장이 공업의 중심이 된 것은 18세기 후반이었는데, 그 계기는 각종 기계의 등장이었다. 공장 노동자는 단순 작업에만 종사하기에 높은 임금을 요구하기 어려웠고, 따라서 자본가는 노동자를 구하기가 쉬웠다. 자본가들은 생산성 향상과 더불어 다루기 쉬운 노동자라는 두 마리 토끼를 잡으며 큰돈을 벌어들일 수 있었다. 그 돈은 다시 새로운 공장을 짓는 데 투입돼 대규모의 공장화와 산업화에 이바지한다. 자본가들은 어린아이와 여성의 값싼 노동력을 이용하여 큰돈을 벌 수 있었다.

마르크스가 활동하던 시기에는 산업자본주의가 자리를 잡았다. 임금노동자와 자본가 계급으로 사회가 재편되는 시기였다. 고대 사회에서는 노예제에 기반한 생산관계가 주를 이루었고, 농업이 중심이 되는 농업 사회에서는 농노와 봉건 영주에 기반한 생산관계가 중심이 되었다. 산업자본주의에 들어서는 노동자의 노동력도 상품이 되면서, 노동자와 자본가라는 새로운 생산관계가 정착된다.

고대 사회는 노예와 노예를 거느리는 노예주로 구성되는 계급 사회, 봉건제 사회는 토지를 기반으로 토지를 가진 영주와 토지를 가지지 못한 소작농 등의 농노로 구분되는 계급 사회였다. 자본주의는 자본을 가지는 자본가와 노동력을 팔아야만 하는 임금 노동자로 구성된 새로운 계급 사회였다. 이 새로운 계급 관계가 강화되고 고착되는 영국 사회에서, 마르크스는 노동자 계급이 겪는 고통과 불평등에 대해 깊은 고뇌와 사유를 시작한다.

존재론적 평등과
계급적 평등

석가모니의 평등은 존재론적 성격을 지닌다. 석가모니는 인간이 태어날 때부터 차별적으로 태어난 것은 아니라고 했다. 석가모니는 태생 그 자체보다는 인간이 어떻게 행동하고 어떻게 행하는지를 더 중시했다. 그에 의하면, 인간의 본성보다는 인간의 탐욕이나 집착 같은 그릇된 속성이 인간 자신을 구속하는 온갖 제도와 관습을 만들어 낸다. 본래 인간은 평등한데, 인간의 탐욕과 오만, 자만, 집착이 이런 그릇된 제도를 만들어 낸 것이다.

기원전 350여 년 전쯤, 아리스토텔레스는 노예는 본성이 노예로 태어났다고 주장하며 노예 제도를 적극 지지했다. 이런 아리스토텔레스의 사고와 대조적으로 석가모니는 인간의 근원과 본성 자체가 원래부터 평등하다는 존재론적 평등을 주장했다. 석가모니는 브라만 중심의 계급 사회를 비판하며, 특권을 유지하며 형식적인 제의祭儀에 매달리는 브라만을 비판했다. 석가모니는 지혜를 갖추고 수행을 잘하는 사람이 '진정한 브라만'이라 했다. 인간은 태어나면서부터 차별받는 존재가 아니다. 수행을 제대로 하여 마음이 청정한 이가 진정한 브라만이다.

진리의 언어라 불리는『법구경』은 '진정한 브라만'의 길을 제시했다.『법구경』에는 브라만의 길을 다루는 장이 따로 있다.『법구경』의

'브라만' 장은 '진정한 브라만'이 무엇인지, 그리고 브라만은 어떤 길을 가야 하는지를 보여 준다.

"물질의 차원도 초월하고 정신의 차원도 초월한 사람, 그리하여 '물질과 정신을 초월한 그것'마저 초월해 버린 사람, 이제는 두려움도 없고 그 어디에도 속박되지 않는 사람, 그를 일컬어 브라만이라 한다."
"명상에 전념하고 녹슬지 않고 조용히 혼자가 되어 살아가는 사람, 그리고 자기의 의무를 다하여 그 영혼이 전혀 때 묻지 않은 사람, 그를 일컬어 진정한 브라만이라 한다."[19]

석가모니는 브라만이나 크샤트리아 등 그의 출신 계급이 중요한 것이 아니라, 인간이 어떻게 행하느냐에 따라 그의 지위가 결정된다고 했다. 석가모니의 평등사상은 당시의 사회경제적 분위기와 일정 정도 관련이 있다. 『리그베다』의 시대에는 물물교환이 주를 이루었으나, 석가모니가 살았던 시절에는 물물교환이 시들해지고 금속화폐가 통용되며 경제활동이 더욱 활발해졌다.[20] 또한, 상업에 종사하는 사람이나 부자 농부가 많아지면서 자유민의 숫자가 늘어났다.

생산력이 증대되어 여유 생산물이 생기면서부터, 일정 비율의 인구가 압제에서 벗어나 비교적 자유로운 삶을 누릴 수 있는 환경이 조성되었다. 농지에서 생산되는 잉여 농산물은 농부들이 교역할 수

---

19) 석지현 옮김(2016), 『법구경』, 민족사, 209~210쪽.
20) 增谷文雄(1984), 이규택 역(1984), 『佛陀時代』, 경서원, 84~85쪽.

있는 기반을 마련해 주고, 농사 외의 시간도 즐길 수 있게 해 주면서, 그들의 삶에 여유를 주게 된다. 상당수의 인구가 노예로 전락하기도 했지만, 일정 정도의 자유민인 농부나 상인 계급이 출현하기도 했다. 인도에서는 주로 바이샤 계급이 이를 담당했다.

교역이 활성화되어 상인이나 자영업자 등이 많아졌다. 따라서 계급 타파를 주장하며 평등 세계를 설파하는 불교 등 새로운 혁신 사상이 영향력을 발휘할 가능성이 열렸다. 석가모니는 당시 최고 계급으로 군림하며 다른 계급을 멸시하고 영향력을 발휘하였던 브라만을 강력히 비난하였다. 그는 세상이 브라만을 중심으로 하여 네 가지 계급으로 이루어졌다는 것을 비판하였다. 인도의 인간 탄생과 계급 신화에 의하면, 브라만은 제사를 담당하며, 머리와 입에 해당한다고 했다. 크샤트리아는 지혜를 상징하며 가슴과 팔, 옆구리에 해당한다. 바이샤는 농사 등 경제활동을 하며 배와 무릎에 해당한다. 수드라는 노예 상태를 유지하며 발(바닥)에 해당한다.

당시 인도 사회는 브라만 중심의 철저한 계급 사회였다. 인간은 태어날 때부터 자기의 계급과 지위를 지니고 태어난다고 했다. 이는 아리스토텔레스가 노예는 원래부터 노예로 태어났다고 한 노예 본성론과 흡사하다. 석가모니가 활동하던 시기는 힌두교의 전신인 브라만교가 흥행했던 시절이라 브라만과 아트만을 절대적 존재와 진리로 받아들였다. 브라만교의 최고 계급인 브라만의 영향력은 절대적이었다. 그러나 석가모니는 신의 존재를 부정하고 브라만의 절대성을 부정하였다.

곰브리치는 이 시기에는 꽤 높은 비율의 인구가 압제로부터 비교적 자유로운 삶을 살았을 것으로 추정했다. 이런 사회경제적 분위기 속에서 불교는 상인과 같은 새로운 계층들로부터 호응을 얻었다. 자영업자였던 것은 상인뿐만이 아니었다. 교역은 농부들에게 약간의 잉여분을 생산할 의욕을 불어넣었으며, 농부들은 가축, 토지 그리고 그 생산물이라는 사유 재산을 갖게 되었다.

경전에 자주 등장하는 장자長者(ghapati)는 부자 농민을 의미한다. 장자는 원래 '한 집의 주인', 즉 가장을 의미한다. 아직도 인도 지방에서는 각각의 장자를 대표로 하는 가족 집단, 혹은 가구家口의 관점으로 인구를 산정한다. 마을 인구를 조사하려면, 그 지역에 사는 사람의 수를 계산하기보다는 대략 몇 가구가 있는지를 알아보는 것이 훨씬 더 쉽다. 한 가구는 가까운 친족뿐 아니라 하인들 및 기타 식솔을 포함한다. 마을 의회와 같은 조직은 장자들로부터 정보를 얻어내고 회원을 모집한다.

경전에 자주 등장하는 장자는 분명 좋은 가문의 가장인 것이 분명하지만, 별도의 설명이 없다면 브라만은 아니다. 그들은 어떤 계층과 직업을 가진 사람이었을까? 이들 대부분은 토지를 소유한 것이 분명했으나 보통은 육체노동을 하는 사람들이었다. 붓다와 승단을 물질적으로 지원한 장자들은 대개 '양반 농부'다.[21] 장자는 상업에 종사하여 돈을 많이 벌었거나, 토지를 많이 소유하여 부자가 된 사람들이다. 이들을 포함한 자유민들이 불교에 귀의할 환경과 계기가 조성되자, 석가모니는 계급이나 직업 그리고 성별과 관계없이 이들을 껴안았다.

석가모니의 평등사상은 인간은 태어날 때부터 평등하다는 존재

---

21) 리처드 곰브리치 지음(2018), 송남주 옮김(2018), 『곰브리치의 불교 강의, 붓다 사유의 기원과 위대한 독창성』, 불광출판사, 60~62쪽.

론적 평등이다. 석가모니의 존재론적 평등사상은 여성의 승가 입단을 허용하고, 직업의 귀천에 상관없이 모든 사람을 불교에 입적하도록 하여 불교의 대중화에 크게 이바지하게 된다. 이런 석가모니의 '사람은 원래부터 평등하다'는 존재론적 평등사상은 4성 계급을 당연하게 받아들이는 당시 인도 사회에는 상당히 혁신적이고 혁명적인 것으로 받아들여졌다.

마르크스는 생산 과정에서 발생하는 계급적 불평등에 주목했다. 산업혁명은 경제혁명이면서 동시에 사회혁명으로서, 산업 부르주아지와 임금 노동자라는 두 계급을 만들어 냈고, 여기에 전통적인 지배계급이었던 지주 계급(젠트리)을 포함해서 3개의 사회 계급을 만들어 냈다. 물론 기본적인 계급은 부르주아지(자본가)와 프롤레타리아(임금 노동자)였다. 자신의 농지를 빼앗기고 도시로 흘러들어 온 농민들과 대규모 기계 생산과의 경쟁에서 밀려 파산한 전통 수공업자들이 프롤레타리아 계급으로 전락했다. 상류 지주 계급이었던 귀족과 중산 계급인 부르주아지는 둘 다 유산 계급이 되어 서서히 자기들의 이해관계를 일치시켜 나갔다. 산업혁명은 17세기까지 총인구의 3/4을 차지하고 있던 농민의 비율을 감소시켜 도시 주민의 비율이 늘어나도록 했다.

자본가와 임금 노동자라는 두 계급의 형성과 도시화는 서민 생활에 커다란 변화를 가져왔다. 산업혁명기에 생겨난 최대의 문제는 노동자들은 일정한 시간 동안 집중적인 노동을 해야 하므로 노동 강도가 이루 말할 수 없이 강해져 노동 착취가 일상화됐다는 것이다. 또한, 농경 사회에서 기본을 이루던 생산단위로서의 가족의 유대가 현저하게 약해지고, 자본가에게 직접 고용되는 임노동 관계가 주축을 이루게 됐다.

산업화는 개인주의와 자유에 기반을 둔 근대적인 시민 정신이 고양될 수 있는 물질적 기반을 제공하기도 했다. 사람들이 혈통에 근거한 신분제나 비이성적인 종교의 권위에서 벗어나 개인의 권리를 인식하기 시작했다. 마르크스가 활동하였던 시기는 자본주의의 모순이 극대화되고, 자본에 의한 착취가 극성을 부리며, 개인주의와 자유·평등 사상이 고취되는 시기였다. 마르크스는 왜 노동 착취가 일어나는가? 불평등은 왜 일어나는가? 개인의 자유는 왜 억압되는가? 자본주의의 모순은 무엇인가? 이를 해소할 길은 없는가에 대한 사유와 고뇌를 시작한다.

대체로 마르크스 이전의 사회 이론들은 부유한 계급에 대해서는 호의적이면서도 가난한 사람들에게는 별로 주목을 하지 않았거나 어떠한 청사진도 제시해 주지 못했다. 역사 전반을 통해서 지배계급과 특권 계층은 교육과 정치 영역의 독점권을 행사하고 있었던 반면, 노동 계급과 하층민들은 주인의 이익을 위해 혹사당하고 고통받아야만 했다.[22]

마르크스는 이런 시대 상황 속에서 노동자들의 삶이 왜 이렇게 비참해야 하는지에 주목했다. 마르크스는 노동자들의 삶이 피폐한 원인을 노동의 착취에서 찾았다. 마르크스에 의하면, 산 노동은 자본의 가치를 증식시키는 잉여가치를 포함, 모든 가치를 생산하는 창조적 원천이다. 자본은 그 자체로는 이익을 낼 수 없다. 자본에 산 노동이 더해져서 이익을 낸다. 자본주의적 생산은 노동력의 구

---

22) 마르크스·레닌주의연구소 지음(2018), 김대웅·임경민 옮김(2018), 『마르크스 전기 1』, 노마드, 15쪽.

매와 상품의 생산이라는 두 가지의 성질이 다른 노동 과정을 거친다. 하나는 화폐를 가지고 생산 수단과 노동력을 사는 일이다. 다른 하나는 생산 수단과 노동력을 결합하여 상품을 만들어 내는 일이다. 따라서 자본주의적 생산 과정에서 생산 수단에 노동력을 결합하여 상품으로 만들어 내는 일이 중요해졌다.

자본주의는 산업혁명을 거치면서 기계와 자동화를 도입하여 상대적 잉여가치의 획득을 꾀했다. 기계화와 자동화는 형태 변환을 거치며 노동자의 살아 있는 노동을 대상화된 노동으로 바꿔 버렸다. 자본에 필요한 필요노동이 기계로 대치되면서 자본가에게는 노동자의 노동 시간을 단축하면서도 잉여가치를 더 가져다줄 수 있는 길이 열렸다. 기계의 도입으로 인해 노동 방식의 근본적 변화가 나타나고, 노동은 숙련 노동의 성격을 점차 잃어가며 살아 있는 노동이 기계에 포섭된다. 자본가들은 기계를 장악함으로써 노동을 실질적으로 장악할 수 있고, 이에 따라 노동에 의한 자본의 실질적 포섭이 가능하게 되었다.

자본은 이제 원시적인 노동 시간의 연장이나 노동자의 규제를 통한 자본 증식이 아니라 노동자 스스로가 자본 증식의 선봉에 서도록 요구하고 있다. 자본주의적 생산은 잉여가치의 생산이 많으면 많을수록 좋다. 잉여가치는 절대적 잉여가치와 상대적 잉여가치가 나누어 분석할 수 있지만, 실제 현장에서 일어나는 노동 과정에서는 이 두 부분을 나누기 어렵다. 이론적으로는 절대적 잉여가치와 상대적 잉여가치의 구분을 할 수는 있지만, 기계화와 자동화라는 자본주의적 생산 방식이 일반화된 상태에서는 이에 대한 구분이 어렵다.

잉여가치의 발생 지점에 대한 구분의 어려움은 노동 가치 측정의 어려움으로 이어진다. 자본가들에게는 어디서 잉여가치가 발생하느냐의 여부보다는 어떻게 하면 잉여가치율을 높일 것인가 또는 어떻게 하면 잉여가치를 효율적으로 올릴 수 있는가만이 중요하다. 따라서 자본주의에서는 그들이 소유한 자본으로 인하여 잉여가치의 획득 수준이 달라지며 소득의 발생이 달라질 수밖에 없는 구조를 지니고 있고, 이는 계급의 불평등을 고착화했다.

노동의 탈취와 노동자의 적극적인 포섭은 자동화, 인터넷 등 디지털 기술, 인공 지능의 등장과 함께 차원을 달리한다. 정보화 사회 또는 인지 자본주의 사회[23]에서는, 예를 들어 아마포나 핀을 생산하는 산업 사회와는 달리, 지식과 정보, 서비스, 감정의 역할이 중요해졌다. 인지적·정보 차원의 행위와 활동이 대폭 늘어남에 따라 자본주의의 축적 방식도 급변한다. 마르크스에게 고통의 해소는 계급적인 적대의 해체와 그에 따른 평등의 실현을 뜻한다. 즉 평등이란 계급적 적대의 해소 또는 소득 불평등의 제거라는 형식으로 나타난다. 따라서 마르크스의 평등성의 초점은 계급적 분할과 적대를 촉발하는 조건인 생산관계에 맞추어졌다. 자본주의는 기본적으로 생산관계에서 노동 가치의 탈취가 나타날 수밖에 없는 구조를 지니

---

23) 인지 자본주의는 베네치아, 제노바, 네덜란드 등에 의해 표상되는 상업자본주의, 영국과 독일, 그리고 20세기 후반의 미국에 의해 표상되는 산업자본주의에 이어 나타난 제3기의 자본주의를 지칭한다. 조정환(2011), 『인지자본주의』, 갈무리, 32~33쪽. 이탈리아의 자율주의자들은 현대 자본주의에서 인지·정보의 중요성을 강조하기 위해 '인지 자본주의'라는 용어를 사용한다. 이들의 주장은 현대 자본주의에서 인지·정보의 중요성을 강조한다는 점에서는 의미가 있지만, 물질(육체)적 생산과정과 육체노동의 중요성 그리고 이와 관련된 인지·정보 관계를 간과한다는 비판을 받기도 한다.

고 있고, 생산 과정과 노동 과정을 통해서 불평등이 가속된다.

　마르크스는 인간 고통의 대부분은 생산 과정에서 발생하는 노동 가치의 배분에서 나오는 것으로 보았다. 따라서 마르크스에게 인간 고통의 해소는 생산 과정에서의 공정한 가치 분배에 초점이 맞추어졌다. 석가모니가 인간은 태어날 때부터 평등하다는 존재론적인 평등을 설파했다면, 마르크스는 그들이 소유한 자본과 자산 여부에 따라 계급적인 불평등이 지속되고, 이런 계급적 불평등은 자본주의의 노동 과정을 통해 영속화한다고 설명했다.

3.
석가모니와 마르크스의
사상, 사유 체계

석가모니와 마르크스 사상의
태동 배경

　인간은 끊임없이 생각하고 사유하며 인식하는 존재다. 인간은 인식 과정을 통해 객관 세계(자연과 사회)에 대한 지식을 습득하고, 이 성과에 기초하여 객관 세계에 대해 작용을 가해 이를 변화시키고 개조한다. 인식의 의의는 단순히 객관 세계에 대해 알고 있다는 지적 만족에 머무는 것이 아니라, 실천을 통하여 실제 생활에 이바지하는 데 있다.[24]

　석가모니의 실천은 인간이라는 존재가 고통에서 어떻게 벗어나는 것인가를 인식(사유)하는 것에서 출발했다. 석가모니가 인간 존재에 관한 진리를 탐구하기 시작한 동기는 인간이 어떻게 하면 고통에서 벗어날 것인가였다. 그는 이를 위해 끊임없이 사유하고 성

---

24) 철학사전편찬위원회(2009), 『철학사전』, 도서출판 중원문화, 752~753쪽.

찰했다. 석가모니는 이미 어렸을 적부터 다양한 명상 사유와 철학 이론을 경험했다. 석가모니는 일곱 살 때부터 왕자가 갖춰야 할 교육을 받기 시작했다. 아버지인 숫도다나 왕은 명망 있는 브라만들을 초빙해 싯다르타에게 왕자가 갖추어야 할 지식을 전수하게 하였다.

석가모니가 태어날 당시인 기원전 7~6세기경 고대 인도의 북부 갠지스강 중상류 지역에는 16대국으로 불리는 나라들이 분포하고 있었다. 이들 대부분은 인도로 진입해 온 아리아인들이 세운 나라들이었다. 석가모니가 탄생한 카필라국은 이 16대국에 들지 못하는 토착 원주민의 소왕국 중 하나였던 샤키야(석가)족이 세운 나라였다. 카필라국은 16대국 중에서도 강력한 국가였던 마가다국과 코살라국 사이에 있었다.

고타마 싯다르타의 출생 연대는 여러 자료를 검토하여 현대적 방법으로 산정했는데, 현재 우리나라에서 사용하고 있는 불기는 1956년 네팔의 카트만두에서 열린 제4차 세계불교도대회에서 당해인 1956년을 석가모니의 불멸(열반) 연대로 기준하여, 불기 2500년으로 하자고 결정한 데 따른 것이다.[25] 세계불교도대회는 석가모니의 생존 시기를 기원전 624년~기원전 544년으로 공식 채택했다. 이와 달리 우리나라에서는 기원전 563년~기원전 483년으로 기재하여 조계종이 그 오류를 지적한 바 있다. 현재 우리나라의 불기는, 1956년 이래 66년이 더 지난 2022년이니, 그때 결정한 열반 연도인 2500년에 66년을 더한 2566년이다.

---

25) 길상 편저(2017), 『불교대사전』, 홍법원, 965쪽.

아버지는 숫도다나 왕이며, 어머니는 마야 왕비이다. 이들 부부는 오랫동안 아이가 생기지 않아 근심하던 중, 어느 날 왕비가 자신의 뱃속으로 흰 코끼리가 들어오는 꿈을 꾸었다. 선인들은 이를 아주 훌륭한 왕이 태어나거나 깨달은 자가 될 꿈이라고 해몽을 했다. 싯다르타가 출가하면 살아 있는 존재 중 가장 위대한 인간이 되어 깨달은 자인 붓다가 되리라는 것이었다. 이는 석가모니가 신의 아들이 아니라 인간으로서 모든 생명체를 구원하는 가장 위대한 인간인 깨달은 자가 되리라고 예언한 것이다. 그의 어머니인 마야 왕비는 싯다르타를 낳고 이레 만에 사망했다. 이처럼 일찍 어머니를 여읜 것이 싯다르타가 궁중 생활에 재미를 붙이지 못하고, 어려서부터 인생의 의미와 고통에 대해 생각하게 한 계기가 아닐까 하고 추측할 수 있다. 어머니가 돌아가시자, 마야 왕비 대신 이모인 마하프라자파티가 싯다르타를 양육했다. 싯다르타의 양어머니이자 새로운 왕비인 마하 프라자파티는 싯다르타가 깨달음을 얻어 상가(종단)를 이룬 후에 출가하여 최초의 비구니가 되었고, 싯다르타의 배다른 동생인 난다 역시 출가를 하였다. 싯다르타는 19세에 결혼하여 아들인 라훌라를 낳았다. 그의 출생이 출가에 장애가 된다고 하여 석가모니가 '장애'라는 뜻이 붙여진 '라훌라'라는 이름을 붙였다고 한다. 그 또한 나중에 출가하여, 석가모니 부처의 10대 제자 가운데 '밀행 제일'의 제자가 되었다.

싯다르타 왕자에게 고苦의 의미를 깨닫는 두 가지의 결정적인 계기가 있었으니, 하나는 농경제農耕祭 참여와 다른 하나는 사문유관四門遊觀이다. 어린 싯다르타는 농경제에 참석하여 고단한 삶 속에서 목숨을 가진 것들이 서로 죽이고 죽임을 당하는 약육강식의 현장을 직접 눈으로 목격하였다. 충격에 빠진 싯다르타 태자는 잠부Jambu(염부閻浮) 나무 밑에서 깊은 고뇌에 빠졌다. 그 후 싯다르타 태자는 바라문 스승들에게 물었다.

"왜 하나는 살고 하나는 죽어야 합니까?"

그러나 어떤 스승도 태자의 질문에 명쾌하게 대답하지 못했다. 이는 싯다르타에게 평생의 화두가 된다. 왜 서로가 죽이고 죽어야만 할까? 서로가 함께 행복해지는 길은 없는 것인가?

결혼하여 성인이 된 후 어느 날 태자는 백성들이 사는 모습을 보기 위해 성 밖을 나서게 된다. 동·서·남·북의 사대문을 나서며, 대중의 삶을 살펴보는 사문유관의 시작이었다. 사문유관을 통해서 싯다르타는 생로병사라는 인간 존재의 근본 고통에 대해 사유하기 시작했다. 농경제 참석과 사문유관의 두 사례를 통해 싯다르타는 생명을 가진 것들은 누구도 고통에서 벗어날 수 없다는 사실과 모든 존재는 생로병사를 경험한다는 것을 알게 되었다.

왕궁을 빠져나와 마주하게 된 차가운 현실에 깊은 고뇌에 빠져들었던 태자는 마지막으로 북문을 나섰다. 이번에는 머리를 깎고 가사를 입고 편안한 표정으로 지나가는 수행자가 눈에 띄었다. 태자가 저 사람은 누구인가 하고 묻자, 마부 찬다카는 저 사람은 출가자이며, 출가수행자들은 업에서 벗어나기 위해 수행을 하며 도를 닦는 사람들이라고 알려 주었다. 왕궁에서의 호화스러운 생활과 안온한 삶에 빠져 있었던 태자가 동서남북의 문밖에서 보았던 차가운 현실은 그에게 새로운 길을 모색하게 되는 계기가 된다. 이후부터 싯다르타는 고통을 줄일 수 있는 길이 무엇인가에 관한 깊은 성찰과 사유의 길을 찾아 나선다.

카를 마르크스는 1818년 5월 5일 프로이센 라인 주의 작은 도시 트리어에서 태어났다. 트리어는 1794년 이후 약 20년 동안 프랑스의 지배 아래 있었고, 1815년부터는 프로이센 왕국의 지배 아래에 있었다. 당시 프로이센 왕국은 가혹한 왕정 정치를 펼쳤지만, 한때는 프랑스의 지배를 받았던 적이 있었기 때문에 프랑스 혁명의 기운이 상당히 남아 있었다. 그가 태어난 곳은 나폴레옹에게 점령당하였던 곳으로 프랑스의 자유주의적 색채가 강하게 남아 있었으며 또한 후발 산업국가였던 독일에서는 드물게 공업이 발전한 곳이었다. 이런 연유로 인해 트리어 사람들은 자유, 평등, 박애를 기초로 한 프랑스 혁명정신의 영향을 받고 있었다.

마르크스의 부모는 모두 랍비 집안의 후손이었으나 유대인에 대한 차별을 피하고자 프로테스탄트로 개종하였다. 그의 가족은 부유하지는 않았지만 안락한 생활을 누렸으며, 종교와 정치에 대해서 급진적이지는 않았지만, 자유주의적 견해를 지니고 있었다. 아버지인 하인리히 마르크스와 아버지의 친구인 루트비히 폰 베스트팔렌은 왕정에 반대하고 공화정과 민주주의를 지지하는 지식인들이었다. 마르크스는 이러한 지역 사회의 분위기와 아버지의 영향으로 인해 자유롭고 반체제적인 성향을 지니게 되었다.

마르크스가 열여섯 살 때, 그의 아버지가 왕 앞에서 연설한 일이 있었다. 마르크스의 아버지는 평소의 신념대로 왕이 적극적으로 사회 부조리를 고쳐나갈 것을 주장했다. 그런데 연설이 끝나자 경찰이 아버지의 연설이 급진적이라는 이유로 그를 쫓아다니며 협박을 하였다. 이에 마르크스의 아버지는 연설 내용을 철회하였다. 이때 마르크스는 아버지의 비겁함에 크게 실망했다. 평소 아버지를 자랑스럽게 생각했는데, 이런 생각이 바뀌면서 프로이센의 미래가 없다는 생각을 하게 되었다. 나중에 그는 이러한 아버지의 비겁함이 개인적인 문제가 아니라 사람들에게서 용기를 뺏어버리는 사회가 문제라는 것을 알게 되었다.[26] 그가 개인의 문제보다는 구조나 체제, 환경에 관심을 기울이게 된 것은 이런 연유 때문인 것 같다. 그래서 그는 자유로운 생각과 표현이 보장되는 법과 제도를 마련하기 위해 법을 공부하기로 한다.

마르크스는 17세에 본대학에서 법학 공부를 시작했으나 공부보다는 클럽에 가입하고 선술집에서 패싸움과 결투를 벌이는 등 자유분방한 대학 시절을 보냈다. 본대학교에서 마르크스는 시인동호회에 가입했다. 마르크스의 성적은 첫 학기에는 상위권이었지만 시간이 지날수록 성적이 떨어지자, 부친은 마르크스를 좀 더 학구적인 분위기의 베를린대학으로 전학시켰다.

마르크스는 베를린대학으로 옮겨 공부하는 동안에도 아버지의 뜻과는 달리 법학보다 철학에 몰두했다. 마르크스는 명석한 편인데다 법을 전공하였기 때문에, 대학을 졸업하면 변호사나 공무원이 되어 안락한 생활을 할 수 있었다. 하지만 그는 자신의 안락한 삶을 포기하고 사회를 위해 일하기로 마음을 먹었다. 그는 특히 철학에 많은 관심을 두고 있었는데, 그가 공부했던 베를린대학은 사회 문제에 비판적으로 생각하는 학생과 지식인들이 많았다. 그는 그들과 어울리면서 당시의 프로이센과 유럽 사회의 사회 구조적인 문제에 대해 많이 토론할 수 있었다. 그는 정부를 비판하는 글들을

---

26) 이숙자 지음(2017), 『Who? 세계인물 카를 마르크스』, ㈜스튜디오다산, 28쪽.

쓰게 되었고, 이러한 그의 행동은 정부와 대학의 눈 밖에 날 수밖에 없었다.

마르크스는 베를린대학에서 헤겔 철학에 심취하여 헤겔 좌파로 활동하였으나, 에피쿠로스의 유물론에 관한 박사학위 논문을 쓴 후에는 본격적으로 유물론적 시각을 띠기 시작했다. 그는 〈라인 신문〉에서 프로이센 정부의 억압적이고 폭력적인 통치 행위를 통렬히 비판하였다. 그 결과로 독일에서 추방되어, 벨기에를 거쳐 런던에 정착한다. 벨기에에서 엥겔스와 함께 「공산당 선언」을 작성하였던 마르크스는 당시 영국의 참혹한 노동 착취의 원인에 대해 깊은 사유를 시작한다. 인간 존재의 고통의 원인에 대해 심도 있는 연구를 시작한 것이다. 그 결과가 『자본론』을 비롯한 많은 저서들에서 펼쳐진다.

마르크스의 존재에 관한 관심의 초점은 인간의 고통과 소외가 어디에서 나오는가를 밝히는 것이었다. 그는 인간의 고통이 노동 과정에서 나온다는 것을 밝히려 했고, 자본주의는 이를 제도화시키는 체제라고 생각했다. 변증법적 유물론과 사적 유물론은 인간이라는 존재가 자본주의라는 역사 속에서 왜 고통을 맛보게 되고, 왜 노동 착취가 일어나는지를 밝히는 하나의 방법론이자 사유 체계이다. 마르크스는 인간 고통에 대한 원인과 결과, 그리고 과정을 인간의 경제(노동) 행위를 통해 밝히려 했다.

마르크스는 인생의 거의 전부를 노동 착취가 왜 일어나는지에 대한 원인과 과정을 규명하는 데 할애했다. 그는 인간의 행위가 자본주의라는 체계 속에서, 즉 일정한 조건 속에서 고통을 어떻게 발생시키고, 어떻게 소외를 불러일으키는지에 대한 분석과 연구를 했다. 평생을 그는 자본주의 사회에서 노동 과정을 통해 발생하는 잉여가치의 탈취를 밝히는 데 헌신했다. 자본주의라는 조건과 환경에서, 고통의 원인이 되는 착취의 조건과 과정, 관계를 밝히는 데 주력했다. 마르크스는 한 번도 직접적인 정치를 한 적이 없었고, 오로지 일생을 자본과 자본주의에 관한 연구만을 했다. 그가 정치적 활동을 했다고 한다면, 〈라인 신문〉에서 활동한 것과 미국의 신문 등에 칼럼을 게재한 것, 그리고 엥겔스와 함께 「공산당 선언」을 작성하며 사회주의 정당의 건설을 위해 노력한 것뿐이었다. 그는 평생을 자본과 자본주의 연구에 매진했다. 마르크스는 인간과 인간 역사에 관한 관심을 변증법적 유물론과 사적 유물론을 통해 펼쳐 나갔다. 석가모니도 형식논리학이나 형이상학에 매몰되기보다는 변증법적 사고와 분석적인 사고를 더 중시했다.

형식논리학과
변증법적 사고

논리학은 올바른 사고의 법칙과 형식을 연구 대상으로 한다. 형식논리학은 사고의 형식들(개념, 판단, 추리)을 항상 변하지 않는 것, 일정불변의 것, 고정적인 것으로 여기고, 이 형식들의 항상성·불변성·고정성을 보증하는 법칙들을 추구하는 데 몰두한다. 이에 반하여 변증법적 논리학은 사고 형식을 유동적인 것, 변화하는 것, 움직임(운동)이 있는 것으로 보면서, 이들 형식의 유동성·가변성·운동성에 주목한다. 따라서 변증법적 논리학은 형식논리학과 달리 여러 가지 사고 형식을 단순히 외적으로 비교하고 분류하고 배열하는 데에 그치지 않고 사고 형식 상호 간의 내적 연관을 찾아내는 데 주력한다.

변증법적 사고는 자연발생적으로 철학적 사유의 시작과 더불어 나타났다. 고대 그리스의 헤라클레이토스는 모든 사물이 변화하고 있고, 세계는 하나의 과정이라고 했다. 고대 그리스에서 변증법은 대화술이나 변론술 또는 설득술의 하나로 여겨지다가 근대 서양에서는 칸트를 필두로 변증법적 사고가 적용되었고, 헤겔에 이르러서 변증법적 논리가 본격적으로 다듬어졌다. 헤겔은 관념적 입장에서 변증법적 논리학을 세웠다. 마르크스와 엥겔스는 헤겔의 성과를 바탕으로 유물론의 입장에서 논리학을 정립하였다. 그리하여 객관적 실제 세계의 반영으로서의 사고 작용, 그 법칙과 형식 및 그에 의한 진리 획득의 법칙을 명확히 하였다. 이 경우 인식은 일시에 성립하는 것이 아니라 발전의 단계를 지나 행해지는 것으로서, 그것은 역사적 성격을 지니는 동시에 인식에서도 발전 과정을 찾아낼 수 있다.[27]

변증법이라는 말은 그리스어의 '디알렉티케dialektike(변증술)'에서 유래한 것으로, 대화술이나 문답법을 뜻하였다. 변증법은 상대방의 논리에 담겨 있는 허점을 문답을 통해 밝혀 냄으로써 자기 논리의 정당성을 밝히는 기술이다. 변증법은 엘레아학파의 제논Zenon을 창시자로 하여, 문답을 통해 진리를 향해 나아가고자 했던 소크라테스의 산파술이나 변론술로 발전하기도 했다. 이런 변증법이 헤겔에

---

27) 철학사전편찬위원회(2009), 『철학사전』, 도서출판 중원문화, 379~380쪽.

의해 새로운 논리학과 세계관의 형태로 자리 잡게 되었다. 마르크스주의자들이 이를 비판적으로 이어받아 역사의 발전 과정에 대한 철학적 기초로 삼음으로써 변증법은 한층 중요한 의미를 지니게 되었다. 불교에서는 용수의 중관학파가 이를 받아들여 발전시켰다.

고대 그리스에서는 두 개의 맞지 않는 의견이 있을 때는 사람들이 서로 다투게 되고, 특히 증명할 수 없거나 인간이 알 수 없는 문제에서는 항상 충돌할 수밖에 없다고 보았다. 그래서 사유에서의 모순을 파헤쳐 나가면서 토론하는 것이 진리에 도달하는 가장 좋은 방법으로 생각하고 이를 중시하였다. 모순을 극복함으로써 진리에 도달하는 기술을 변증법이라 했다. 그리스 시대의 변증법은 인식의 결함을 지적하는 것으로서, 개인적인 재능으로 이해되던 측면이 있었고, 한때는 재판이나 토론에서 자기의 논리를 유리하게 전개하는 변론술과 설득술로 이해되기도 했다.

변증법적 논리학은 형식논리학처럼 사고 형식을 단순히 외적으로 비교하는 것에 그치지 않고 사고 형식 상호 간의 내적 연관을 찾아내는 것에 주목했다. 형식논리학은 아리스토텔레스가 정립한 것으로 보는 것이 타당한데, 아리스토텔레스는 논리학을 사유의 형식적 법칙의 문제로만 삼지 않았고, 존재의 문제로까지 영역을 확대했다. 당시 그리스의 논리학은 존재를 모양을 가진 것, 고정적인 것, 영원불변한 것으로 보았다. 즉 당시의 그리스 논리학에서는 존재를 운동하는 것, 발전하는 것, 현실의 분열과 대립 및 자기모순의 밑바닥에서 새로운 것을 탄생시키는 것으로 보지 않았다. 형식논리학에서는 존재를 구체적이고 살아 있는 역사적 현실 존재로 보지 못하고 고정된 것으로 보았다.

아리스토텔레스 이후 변증법이라는 말은 단순히 논리학의 일부인 변론술 또는 논리학 자체를 뜻했지만, 칸트는 변증법이란 말에 다시금 중요한 의의를 부여했다. 칸트에 의하면 변증법이란 가상假象의 논리학, 즉 참인 것처럼 보이는 오류를 비판하는 논리학이다. 그에 의하면 우리는 단지 경험적 세계, 즉 현상계를 인식할 수 있을 뿐이며 초超경험적인 것, 예컨대 신이나 영혼 등에 대해서는 인식할 수 없다.

변증법에 가장 적극적인 의의를 부여한 것은 헤겔이다. 헤겔은 변증법이 인식의 발전만이 아니라 존재 자체의 발전 논리라고 생각했다. 즉 모든 사물은 정·반·합의 3단계로 발전한다고 생각했다. 따라서 존재 자체가 변증법적으로 발전한다면, 존재는 적어도 발전의 제2단계에서는 모순적 구조를 갖게 될 것이다. 이렇게 되면 변증법의 성격은 근본적으로 변화한다. 즉 변증법은 모순의 실재를 인정하는 모순 논리로서 모순율을 부정하는 특수한 논리가 되기 때문이다.

헤겔의 변증법은 마르크스와 엥겔스에 이르러, 유물론과 결합하여 변증법적 유물론으로 발전한다. 헤겔은 모든 존재, 즉 자연이나 사회도 변증법적 구조를 갖고서 변증법적으로 발전해 간다고 생각했다. 그러나 마르크스는 헤겔의 생각, 즉 형식논리학과 형이상학적 사고방식으로는 변화와 발전을 전체적으로 이해할 수 없다고 했다. 그는 현실 세계는 상호 대립하는 여러 규정이 서로 연관되어 전체를 이루고 있고, 모순(대립물의 통일)에 의해 변화와 발전을 전체적으로 인식할 수 있다는 생각에 따라 변증법을 전개해 나갔다. 자연에서 나타나는 변증법은 자연 변증법으로, 그리고 인간과 사회를 역사적으로 고찰하는 것은 역사적 유물론으로 발전했다.

마르크스는 구식 유물론과 단절하고 새로운 유물론을 찾아내고자 했다. 그에게 새로운 유물론이란 지금까지의 사람들이 적당하게 살아가는 수동적 존재가 아니라 능동적 주체로서의 새로운 존재를 찾아가는 것이다.

인간은 능동적으로 자신의 물질적·정신적 환경을 바꿀 수 있는 존재이다. 인간은 역사나 물질 또는 정신의 노리개가 아니라 자신의 역사를 스스로 바꿀 수 있는 능동적 주체인 것이다. 이는 불교에서 말하는 인간상, 곧 자기 자신의 의지로 어떤 어려움도 극복해 나갈 수 있다는 대자유인大自由人이라는 의미와 맥을 같이한다. 또한, 일체유심조에서 이야기하는 마음먹기 나름이라는 말과도 일치한다. 대신에 마르크스는 정신이나 사유 그 자체에 관심을 두기보다는 사회적 조건과 경제적 관계를 바꾸는 데 치중했다.

마르크스에게 인간은 사유하는 능동적이고 실천적인 존재이다. 그는 수동적이고 고립된, 즉 육체가 제거된 고립된 인간을 거부했다. 그는 주체를 실천의 형식으로 재사유하듯이, 대상 세계 또한 인간 실천의 결과로 재사유해야 한다고 했다. 그에게 있어서 인간의 육체는 물질 덩어리이지만, 독특하게 창조적이고 표현적인 덩어리이기 때문에 사유와 사고를 할 수 있는 창조적 덩어리이기도 하다. 인간은 이를 다른 사람들과의 소통과 사회적 협동을 통하여 물질적 생산을 함으로써 자기 자신을 드러낼 수 있다.[28]

마르크스의 유물론적 사고는 사회적 존재와 이식과의 관계에서

---

28) 테리 이글턴 지음(2011), 황정아 옮김(2012), 『왜 마르크스가 옳았는가』, 도서출판 길, 126~127쪽.

물질의 우선성을 강조함으로써 구체화한다. 마르크스와 엥겔스는 그들이 공동 저술한『독일 이데올로기』에서 유물론적 사고를 분명하게 드러냈다.

"오히려 자신의 물질적 생산과 물질적 교류를 발전시키는 인간이 자기의 현실과 함께 자기의 사고와 산물을 변화시키는 것이다. 의식이 삶을 규정하는 것이 아니라, 삶이 의식을 규정한다."[29]

마르크스는 인간의 실천적 행위인 노동을 인간 역사의 중심에 놓았다. 마르크스는『경제학·철학 수고』,『신성가족』,『독일 이데올로기』와 같은 저작 속에서 사적 유물론의 기초를 닦고,『철학의 빈곤』과『공산당 선언』에서 사적 유물론의 명제를 심화시킨다.『자본론』에서는 사회구성체라는 방법을 동원하여 사적 유물론을 완성했다. 마르크스는 생전에『자본론』1권만을 출간하였으나, 마르크스 사후 엥겔스가『자본론』의 초고를 정리하여 출간을 마무리한다.

『자본론』에서 마르크스는, 상품의 분석, 잉여가치의 발생, 자본주의의 발생 및 발생 단계, 그리고 공산주의의 가능성을 기술하였다. 그의 거의 모든 글에서는 형식논리학을 탈피한 변증법적 논리가 전개된다.

---

29) 카를 마르크스·프리드리히 엥겔스 지음(2015), 김대웅 옮김(2015),『독일 이데올로기』, 두레, 62쪽.

석가모니의 중도와 용수의
중관적中觀的 변증법

석가모니는 연기법을 바탕으로 중도라는 논리 체계를 받아들이면서 형이상학과의 차별화에 나섰다. 형이상학은 자연과학이나 개별 과학의 영역을 초월해 있는 배후의 근원적인 존재 일반의 성질이나 원리 및 구조를 밝히려고 한다. 석가모니의 형이상학과의 차별화는 연기법, 무상과 무아의 원리를 통해 구체화한다. 석가모니 당시의 인도뿐만 아니라 서양에서도 플라톤, 아리스토텔레스, 토마스 아퀴나스, 데카르트, 스피노자 등이 형이상학적인 사유를 추구하였다. 하지만 석가모니는 어떤 조건에도 변하지 않는 본성이나 실체 같은 것은 없다고 하며, 연기법과 무상을 강조했다. 석가모니 당시의 인도에서는 브라만이나 아트만에 기대어 절대적 진리를 추구했다.

석가모니는 절대적이고 불변적인 것을 부정하면서 상호관계와 조건에 근거한 연기법을 바탕으로 형식논리학을 따르는 형이상학과의 차별화에 나섰다. 석가모니 당시의 인도는 브라만이나 아트만 같은 불변의 것을 추구하는 절대주의적 성향을 중시했다. 이는 고대 그리스의 소크라테스, 플라톤, 아리스토텔레스도 마찬가지였다. 그들은 확고하고 변하지 않는 절대 불변의 진리를 추구하였다. 석가모니는 영원불변의 상주론常住論과 허무적인 단멸론斷滅論이라는 양극단을 피하고자 했다. 이는 중도적 사고로 승화되어 발전한다.

중도는 절대적이고 독단적인 당시 브라만의 사고방식에 대한 비판적 각성이다. 중도는 단순히 옳고 그름이나 선과 악과 같은 양자의 중간에 선다는 의미가 아니다. 중도는 바른 진리에 대한 길이다.

그렇다면, 바른 진리나 길이란 무엇인가? 당시 인도에서는 절대적 신이나 절대적 진리에 의존하였다. 베다 시대 인도에서의 지식은 제식을 막힘없이 수행하기 위한 주술적·종교적 지식이 전부였다 해도 과언이 아니다. 우파니샤드 시대에 들어서서 지식의 추구는 주술적 멍에서 벗어나 사물을 합리적으로 아는 것을 목표로 하는 경향이 조금씩 나타났다.

인도에서는 세계에 관한 정확하고 타당한 지식(pramā, pramiti)을 얻는 수단을 프라마나pramana(量)라고 하였다. 프라마나pramana라는 명사는 동사 어근인 프라마pramā(헤아리다)에 수단을 뜻하는 접미사 아나ana를 붙여서 만들어진 단어이다. 원래는 '계측 수단'으로 쓰였던 것이, 이제는 '기준'이라는 의미로 쓰이고 있다. 인도 사상사 속에서 프라마나는 인격적·비인격적인 것을 불문하고 일관하여 인간 행위의 규범·기준이 되는 것을 의미한다.[30] 프라마나는 인식 도구, 인식 수단, 인식 등을 의미하고, 동아시아문명권에서는 양量으로 한역漢譯된다. 프라마나는 바른 지식을 얻기 위한 수단이다. 바른 지식과 올바른 지혜를 습득하기 위해서는 이를 제대로 받아들이기 위한 도구와 수단이 필요하다. 석가모니가 추구한 것은 바른 지식이었다. 석가모니는 올바른 지식의 추구를 얻는 수단이자 바른길인 프라마나를 활용해서 깨달음을 얻고자 했다. 지식의 근원을 찾고자 하는 길이 깨달음의 길이다. 우리는 지각이나 언어를 통한 추

---

30) 오노 모토이(小野 基)(2012), 『진리론-지각의 이론과 그 전개』, 카츠라 쇼류 외 지음(2012), 권서용 옮김(2014), 『불교 인식론과 논리학』, 운주사, 186쪽. 다르마키르티(2021), 권서용 옮김(2021), 『인식론평석: 지각론』, 그린비, 18쪽.

론을 통해 올바른 지식에 도달할 수 있다. 중도는 프라마나를 추구하기 위한 길이자 방법인 것이다.

석가모니의 중도 사상은 그 당시 팽배하였던 절대주의적 사고에 대한 성찰적 사유였다. 따라서 불교는 처음부터 정교한 분석법을 채택했다. 석가모니는 중도를 고락중도苦樂中道, 자작타작중도自作他作中道, 단상중도斷常中道, 일이중도一異中道, 유무중도有無中道의 다섯 가지로 설명하였다.

고락중도苦樂中道는 범부凡夫의 감각적 쾌락을 추구하지도 않고, 자신을 괴롭히는 고통의 길로부터도 벗어나는 길을 말한다.

자작타작중도自作他作中道는 석가모니가 '괴로움은 자작인가 타작인가, 자타작인가 비자비타무인작非自非他無因作인가' 하는 물음에 대하여 침묵한 것에서 비롯됐다. 여기에 나오는 이들 견해는 각각 정통 브라만교, 막칼리 고살라의 기계적 숙명론, 자이나교, 유물론적 요소론의 업보業報의 주장에 대한 견해로 보인다. 석가모니는 이와 같은 주장에 대하여 침묵한 후, 자신은 이들 사견邪見을 배척하고 중도에서 이 문제에 대하여 논의한다고 하면서 연기법을 설했다. 사람은 죽어서 다시 태어나는 것인가, 죽으면 그만일까? 이러한 의문에 대하여 석가모니는 육신은 죽어도 영혼은 죽지 않고 다시 태어난다는 견해를 상견常見이라 부르고, 육신이 죽으면 그만이라는 생각을 단견斷見이라고 했다. 이런 모순 대립을 떠난 석가모니의 견해가 단상중도斷常中道이다. 상주하지 않고 끊어지지도 않는 단상중도를 말하고 있다.

일이중도一異中道는 영혼과 육신이 같은 것이냐 하는 문제이다. 육신은 죽어도 영혼은 죽지 않는다고 하면, 영혼은 수행을 하든지

하지 않든지 죽지 않기 때문에, 죽음에서 벗어나기 위한 수행은 무의미하다. 영혼과 육신이 같은 것인가 다른 것인가의 모순 대립은 인간을 어떤 존재로 설명하려고 하는 전변설이나 적취설의 사고방식에서 비롯된 것이다. 그러나 석가모니는 이와 같은 견해는 인간의 가치실현에 대해 부정한다는 점에서 중도를 취해야 한다고 주장했다.

유무중도有無中道는 고락·자작타작·단상·일이의 중도를 모두 포괄하는 중도의 개념이다. 이들 모순 대립은 본질에서 유무의 모순 대립에서 비롯된 것이다. 석가모니의 중도는 어떤 실체를 상정하여 그 실체의 유무를 문제 삼음으로써 나타난 모순 대립하는 모든 사견을 비판하고, 이를 연기법을 통해 드러낸 것이다.[31] 이런 의미에서 중도에서의 연기는 존재론적으로는 관념론도 실재론도, 유심론도 유물론도, 다원론도 일원론도 아니다. 연기설의 측면에서 보면 이들은 사견邪見이며 희론戱論일 뿐이다.[32] 중도적 사유는 올바른 진리와 바른길을 찾아가기 위한 방식이다.

변증법적 논리의 구체적 적용은 용수龍樹(나가르주나)에 의해 이루어졌다. 석가모니는 인간 이성의 이율배반적인 성향을 잘 알고 있었다. 석가모니는 이 우주의 시작과 한계, 또는 개인의 영혼이나 여래가 따로 존재하는지는 대답하지 않았다. 이를 불교에서는 무기無記라 부른다. 석가모니가 인간 이성의 모순성을 잘 알고 있었다는 사실은 무기를 통해서 충분히 짐작할 수 있다. 변증법이란 인간

---

31) 이중표 지음(2018), 『붓다의 철학: 중도, 그 핵심과 사상체계』, 불광출판사, 83~97쪽.
32) 앞의 책, 217쪽.

이성의 근원적인 모순성을 파악하고 이를 더 높은 차원의 관점으로 승화시켜 그 모순을 해결하는 것이다. 이런 의미에서 변증법을 창시했다고 하는 고대 그리스의 철학자들에 앞서서 석가모니가 이미 변증법을 제시했다고 보는 것이 마땅하다.[33] 석가모니의 침묵은 용수의 변증법의 근원이 되었으며, 용수는 이를 중관적中觀的 변증법으로 승화시켰다. 석가모니의 침묵은 실체가 사유를 초월해 있으므로 취해진 결론이라는 주장도 있다.[34] 석가모니의 무기는 칸트의 이율배반설이나 비트겐슈타인의 무기와 같은 비슷한 방식으로 재현되기도 했다.

용수는 변증법을 적극적으로 도입하였다. 용수는 연기와 공을 바탕으로 모든 철학에 대해 비판주의적인 입장을 확립하고, 그 비판의 실제에서는 귀류법[35]을 중심으로 하는 중관적 변증론을 전개했다. 용수는 중관학파中觀學派의 창시자이다. 용수의 대표적 저서는 『근본중송』이다. 『중론』이 용수의 저서로 알려졌지만, 정확하게 말하면 『중론』은 『근본중송』에 대해 청목靑目이라는 사람이 쓴 주석서이다.[36]

『중론』 또는 『중론송』을 이해하기 위해서는 우선 『중론』의 '중中'

---

33) T.R.V. 무르띠(1958), 김성철 옮김(1999), 『불교의 중심 철학—중관 체계에 대한 연구—』, 경서원, 38~39쪽.

34) 이중표 지음(2018), 『붓다의 철학』, 불광출판사, 36쪽.

35) 귀류법歸謬法(proof by contradiction)은 증명하려는 명제의 결론이 부정이라는 것을 가정했을 때 모순되는 가정이 나온다는 것을 보여 원래의 명제가 참인 것을 증명하는 방법이다. 유클리드가 일찍이 2000년 전에 소수의 무한함을 증명하기 위헤 사용했을 정도로 오래된 증명법인 귀류법은 간접증명법으로, 배리법背理法 또는 반증법反證法이라고도 한다.

36) 나가르주나 지음, 이태승 옮김(2012), 『근본중송根本中訟』, 지식을만드는지식, 191쪽.

개념을 이해할 필요가 있다. 석가모니는 인간 존재에 대한 자신의 견해를 중도적인 것으로 규정하고 있다. 즉 석가모니는 인간에게 어떤 불변의 형이상학적 실체가 있다고 하는 유有의 입장을 거부하고, 인간은 죽음과 더불어 무로 돌아간다는 무無의 입장도 거부했다. 『중론』의 중中은 이 같은 석가모니의 기본 입장을 더욱 확대하여 세계 전체의 존재론적 성격을 규명한 것이다.[37] 이러한 중도의 원리를 잘 설명하는 것이 연기법이다. 용수는 『근본중송』의 제1장 「관인연품觀因緣品」에서, "존재하는 것들은, 어디에서나 어떠한 것이나 스스로로부터, 다른 것으로부터, 그 둘의 양자로부터, 원인이 없는 것으로부터 생겨나 존재하는 일은 결코 없다."고 하며, 연기緣起의 원리를 설파했다.[38]

그는 모든 개개의 존재에는 그 자체를 성립시키고 있는 실체적인 자성自性이 있다고 하는 견해를 정면으로 비판하고, 현상계의 모든 존재는 자성이 없는, 즉 무자성無自性이자 공空이라 했다. 그리하여 무자성이고 공인 현상계의 개개 존재는 다른 존재와는 다른 관계 속에서 성립되어 있다고 하며, 이를 연기緣起라 불렀다. 용수는 『근본중송』 등의 저작에서 모든 것이 공성임을 매우 정교하고 치밀한 논리를 통해 입증하고자 했다.

어떤 의미에서 불교 사상 전체는 연기라는 바퀴 축을 중심으로 회전한다고 볼 수 있다. 연기를 공성이라고 해석한 것이 바로 중관적 사상 체계이다.[39] 따라서 중관학파의 인과관계에 대한 해석은

37) 김희성 지음(2020), 『인도철학사』, 소나무, 170~171쪽.
38) 나가르주나 지음, 이태승 옮김(2012), 『근본중송根本中訟』, 지식을만드는지식, 9쪽.
39) T.R.V. 무르띠(1958), 김성철 옮김(1999), 『불교의 중심 철학—중관 체계에 대

아주 중요하다. 중관학파는 '인과'에 대해서 첫째, 사물은 그 자체로부터 발생한다, 둘째, 사물은 타자로부터 발생한다, 셋째, 사물은 그 자체와 타자 모두로부터 발생한다, 넷째, 사물은 자체로부터도 타자로부터도 발생하지 않는다는 네 가지의 선언적 가설을 상정한다. 이는 연기에서의 내연기內緣起와 외연기外緣起의 논리적 토대가 된다. 중관학파에서는 동일하다든지 다르다든지, 양자 모두라든지 양자 모두 아니라는 네 가지의 범주에서 이해할 수 있는 모든 방안이 결국은 난관에 빠진다는 '모순론'을 제시하며 '중관적 변증론'을 이어간다.

무르띠는 중관 체계에 대한 연구인『불교의 중심 철학』에서, 변증법이란 자각적 정신 활동이기 때문에, 변증법에서는 필연적으로 이성에 대한 비판이 따르게 된다고 했다. 따라서 정립定立(thesis)과 반정립反定立(antithesis)이 없으면 변증법은 불가능하다고 했다. 이에 중관학파의 변증법에서는 상반된 견해가 단독으로 쓰이건 연합되어 쓰이건 간에, 이 모두를 부정함으로써 '이성'에 내재하는 모순을 제거하려 노력하였다. 결국, 논리적 차원에서 보면 중관적 변증법의 기능은 순전히 부정적이다.[40]

중관적 변증법에서는 네 가지의 선언지選言肢, 또는 사구四句라고 하는 네 가지의 선택적 견해가 가능하다. 여기서 기본이 되는 선언지는 둘이다. 〈존재(있음)〉[1]과 〈비존재(없음)〉[2]의 둘이거나 긍정과 부정의 둘이다. 다른 두 가지 선언지는 여기서 도출되는데, 양자를 동시에 긍정하거나 동시에 부정하면 된다. 즉 〈존재〉와 〈비

한 연구──』, 경서원, 316쪽.
40) 앞의 책, 239~247쪽.

존재〉의 양자(3), 그리고 〈존재〉도 아니고 〈비존재〉도 아닌 것(4)이다.

중관학파에서는 이러한 양극단을 피하고자 양극단 사이의 중간 지점을 취했다고 생각할 수 있지만, 절대 그렇지 않다. 중관학파는 그 어떤 중간 지점도 고수하지 않는다.[41] 그런 면에서 중도의 의미는 사람들에게 잘못 알려져 있다. 중도에서의 중中은 중간 상태가 아니라 정正을 의미한다. 즉, 중은 양극단을 버린 상태, 또는 모든 것을 부정한 상태에서 올바른 지식을 추구하는 것이다. 따라서 이는 지식의 최고 단계에 해당하는 것으로서, 주관과 객관이 하나의 통일을 이룬 절대지絶對知이다. 절대란 이 세계의 보편적이고 비인격적인 실재이다. 석가모니 붓다는 절대와 같지만 동시에 하나의 인간이다. 붓다는 위신력과 완벽성을 갖추고 있기에 세존世尊이며 신이다. 그는 모든 힘과 광채와 명성과 복덕과 지혜와 행위를 완벽하게 소유하고 있다. 그는 모든 탐욕과 업, 그리고 번뇌장煩惱障과 소지장所知障을 완전히 제거하였기 때문에 절대지를 소지한 전지全知한 존재이다.[42]

용수는 석가모니가 깊은 성찰을 통해 깨달았던 연기와 중도의 원리를 중관적 변증법을 통해 매우 정교하고 치밀하게 전개했다. 그는 모든 법, 제법諸法에는 스스로 존재하는 자성이나 본성이 없으므로 이를 공이라 했다. 용수는 긍정과 부정을 부정하고, 동시에 있다는 것과 없다는 것을 부정하는 중관적 변증법에 근거한 공의 개념을 확립했다. 흔히들 많은 사람에게 잘못 알려졌듯이, 공 사상은 아

---

41) 앞의 책, 247~248쪽.
42) 앞의 책, 516~517쪽.

무엇도 없다(無)는 뜻의 무無를 말하는 것은 아니다. 모든 사물은 절대적인 실체가 없고 오로지 조건에 연관되어서만 존재한다. 공은 결코 무가 아니고, 사물도 연이나 조건에 의해서 생겨난다.

공 사상은 석가모니가 보리수 아래에서 깨달은 진리인 연기緣起에 그 연원을 두고 있다. 현상계에 있는 모든 존재는 인연因緣의 화합으로 생멸하는 존재이므로 고정 불변하는 자성自性이 없다. 일체의 만물은 단지 원인과 결과로 얽힌 상호의존적 관계에 있으므로 무아無我이며, 무아이기 때문에 공空인 것이다. 이때의 공은 고락苦樂과 유무有無의 양극단을 떠난 중도中道이며, 나를 버리고 집착에서 벗어나는 올바른 길이다. 따라서 중도는 유와 무의 집착에서 벗어나는 것이고, 고苦와 낙樂의 집착에서도 벗어나는 길이다. 이런 의미에서 중도의 사유는 형식논리학과는 차이가 있지만, 변증법적 논리학과는 비슷한 점이 많다 할 수 있다.

부정의
변증법

석가모니는 형이상학적인 사고를 탈피하기 위해서 여러 가지 방식을 사용하는데, 그중 하나가 부정의 방식을 통한 공과 무아의 원리를 설파한 것이다. 공은 스스로 존재하는 자성이 없다는 뜻인데, 여기에는 '없다'는 부정의 뜻이 담겨 있다. 궁극적 깨달음인 열반에도 부정이 담겨 있다. 열반은 '번뇌의 불길이 꺼진 상태'인 니르바나 nirvana를 말한다. 여기서도 무엇이 꺼졌다는 부정의 의미가 담겨 있는 것이다. 예를 들어, '무엇이 거기에 없다는 것'은 주어진 장소에 현존하는 것으로 생각되는 하나의 대상이 실제로 지각되지 않는다는 것을 의미한다.

부정이란 하나의 추론 방식이다. 왜냐하면, 추론은 본질에서 시야 속에 없는 것에 대한 인식이기 때문이다. 공에서는 자성이 없다는 것으로, 열반에서는 번뇌라는 불길이 꺼졌다는 것을 의미한다. 연기에서도 '이것이 있으면, 저것이 있다'라는 긍정의 개념 뒤에 '이것이 없으면 저것도 없다'는 부정의 개념이 이어서 나온다.

『반야심경』은 부정을 통해 공을 드러내는 변증법적 전개를 한다. 우선 '조견오온개공照見五蘊皆空'의 의미를 살펴보면, '조견照見'은 있는 그대로 비추어 본다는 뜻으로 고정관념이나 편견에 치우치지 않으며, 어떤 상을 짓지 않는 것이다. 즉 색色·수受·상相·행行·식識의 오온이 모두 공함을 관찰하는 것이다. 다음은 '일체의 고액을 건너 해탈에 이르게 된다'는 의미의 '도일체고액度一切苦厄'이다. 고액을 넘어 고액을 부정하는 것이 제대로 보는 길인 조견照見이다.

『반야심경』은 부정의 논리를 통해서 공의 원리를 드러낸다. 부정을 통해서 공의 세계를 드러내는 이유는 부정은 사고思考를 단절하기도 하지만, 동시에 새로운 사고의 길을 열어 주기도 하기 때문이다. 공성은 갖가지 견해에 대한 부정일 뿐 아니라 바른 지혜인 반야般若의 길을 열어 준다. [43] 『반야심경』은 부정을 통해 계속 공을 드러낸다. 그리하여 '색불이공色不異空 공불이색空不異色 색즉시공色卽是空 공즉시색空卽是色', 즉 색은 공과 다르지 않고 공은 색과 다르지

---

43) T.R.V. 무르띠(1958), 김성철 옮김(1999), 『불교의 중심 철학―중관 체계에 대한 연구―』, 경서원, 304쪽.

않으니, 색이 바로 공이요, 공이 바로 색이라는 공 사상의 진수를 드러낸다. 색은 공과 다르지 않고 공 역시 색과 다르지 않다고 하며, '다르지 않다'라는 부정의 논리를 통해 긍정을 강조한다.

계속해서 『반야심경』은 부정의 변증법을 통해 공 사상을 강조한다. '시제법공상是諸法空相 불생불멸不生不滅 불구부정不垢不淨 부증불감不增不減'의 표현이 그것이다. "모든 법이 공상이니, 생겨나는 것도 아니요 사라지는 것도 아니다. 더러워지는 것도 아니요 깨끗해지는 것도 아니며, 늘어나지도 아니하고 줄어들지도 않는다." '무색성미향미촉법無色聲味香味燭法 무안계無眼界 내지乃至 무의식계無意識界', "색성미향미촉법도 없고, 안계도 없고 나아가 의식계도 없다." 등 계속해서 없다는 의미의 무를 사용한다. 이같이 『반야심경』에서는 부정의 변증법을 사용해서 공의 논리를 강화한다. 『반야심경』에서 자주 사용하는, '없다(無)'는 무엇이 진정 없다는 것이 아니라, 변하지 않는 것은 없다든지, 자성이 없다는 것을 강조하기 위한 무無이다.

이는 중관적 변증법의 특성이다. 중관론자들은 공성을 무無, 즉 비존재非存在라고 생각하면 안 된다고 한다. 중관론자가 보기에는, 사고 양식들에 대한 완전한 부정이 바로 반야, 즉 직관이다. 반야는 절대이다. 왜냐하면, 실재와 실재에 대한 삶은 둘이 아니기(不二) 때문이다. 절대란 내재적이며, 이 세계 이외의 다른 어떤 것이 아니라, 석가모니가 말한 것처럼 왜곡적인 매개 없이 진실하게 인지된 세계 그 자체이기 때문이다.[44] 그런 의미에서 반야는 올바른 관찰

---

44) 앞의 책, 606~608쪽.

을 통해서 이루어지는 진리이다.

마르크스는 헤겔의 부정 변증법을 비판적으로 수용 발전시켰다. 베를린대학에서 헤겔 철학에 심취하였던 마르크스는 헤겔의 형이상학적 변증법을 유물론적 변증법으로 더욱 발전시켰다. 마르크스는 헤겔의 부정 변증법을 인간 역사에 적용했다. 헤겔은 부정의 부정을 변증법의 보편적인 기본 법칙으로 파악하였다. 그는 부정의 부정을 시간과 공간 속에서 일어나는 객관적인 발전 법칙으로만 보지 않고 이를 변증법의 기본 법칙으로 발전시켰다.

유물론적 변증법은 기본적으로 세 가지의 발전 법칙을 상정한다. 첫째는 양적 변화의 질적 변화로의 법칙, 둘째는 대립물의 통일과 투쟁의 법칙, 셋째는 모순에 의한 모순의 발전 법칙이다. 이 중에서도 모순에서 모순의 발전을 통한 발전 동력으로서, 부정의 부정 법칙은 개별 발전 단계들의 내적 연관을 보여 주는 사물과 사회의 발전을 보여 주는 방식으로 중요시된다. 따라서 마르크스주의에서 부정의 부정 법칙은 자연과 사회에 매우 광범위하게 적용되는 사고의 발전 법칙이다. 변증법적 유물론은 세계가 기존의 완성된 사물들과 복합체로 구성된 것이 아니라, 과정들의 복합체로 구성되어 있으며, 일견 불변적인 것처럼 보이는 사물과 두뇌에 의하여 만들어진 개념도 끊임없이 변화하면서 혹은 생성하고 혹은 소멸하는 것으로 본다.

엥겔스는 『반 듀링론』에서 양과 질, 부정의 부정 변증법을 상세하게 전개하였다. 엥겔스는 부정의 부정을 가장 보편적이고 가장 광범하게 작용하는 자연, 역사 그리고 인간 사유의 중요한 발전법칙이라 했다. 그는 보리알을 시작으로 곤충, 나비에 이어 암석의 붕괴 같은 지질학 전반, 수학, 역사학에도 부정의 법칙이 전개된다고 했다.

"보리알을 예로 들어보자. 우리는 수억만 개의 보리알을 벗겨 삶아 먹는다. 그러나 이러한 보리 알 중의 하나가 적당한 조건을 만나, 다시 말해서 적합한 지면에 떨어져 온도와 습기의 영향을 받으면 그 자체에 독특한 변화가 일어난다. 다시 말해서 싹이 나온다. 보리알 자체가 없어진다. 부정된다. 그리고 그 대신에 거기서 보리알의 부정인 한 식물이 발생한다. 그러면 이 식물의 정상적인 생애는 어떠한 경로를 밟는가? 이 식물은 성장하고, 개화하고, 결실을 맺어서 결국 다시 보리알을 생산한다. 그리고 이 보리알이 성숙하면 그 줄기는 말라 죽는다. 즉 식물 자체가 부정된다. 이러한 부정의 부정의 결과로 다시 맨 처음의 보리알이 나오는데, 이번에는 한 알이 아니라 열 배, 스무 배, 서른 배의 보리알이 나온다. 곡물의 종의 변화는 대단히 느린 것이다. 그래서 오늘날의 보리는 백 년 전의 그것과 거의 같다. 그러나 변종하기 쉬운 관상용 원예식물, 가령 다알리아나 난초를 예를 들어보자. … 그리고 이러한 과정이 되풀이되고, 새로운 부정의 부정이 나올 때마다 이러한 완성의 정도는 높아간다. 이러한 과정은 보리알에 있어서와 마찬가지로 대다수의 곤충, 예를 들어 나비에서도 볼 수 있다. … 우리는 여기서 단지 부정이 모든 유기체에 현실적으로 출현한다는 사실을 예증하면 충분하다. 그뿐 아니라 지질학 전체도 부정된 부정의 한 계열, 즉 낡은 암석의 붕괴와 새로운 암석의 성층의 한 계열이다. … 수학에서도 이와 마찬가지이다. … 역사에서도 이와 마찬가지이다."[45]

마르크스는 부정의 부정을 인간 역사의 발전 단계에 적용하였다. 그는 사적 유물론에 부정의 부정이라는 변증법적 유물론을 적용하였다.

인간 사회는 원시 공동체 사회를 거쳐, 봉건제 사회, 산업 사회에 이은 자본주의 사회를 경험하고 있다. 자본주의는 봉건제적 생산 양식을 부정하고, 봉건제적 생산 양식은 노예적 생산 양식을 부정함으로써 생겨날 수 있었다. 자본의 본원적 축적은 인간이 노예와 농노로부터 임금 노동자라는 형태로의 전화 때문에 가능했다. 마르크스에 의하면, "자본주의적 생산 과정은, 하나의 연속적인 전체 과정(즉 재생산 과정)이라는 측면에서 본다면, 상품이나 잉여가치를 생산할 뿐만 아니라 자본 과정 자체를, 즉 한편으로는 자본가를 다른 한편으로는 임금 노동자를 생산하고 재생산한다."[46]

따라서 자본주의에서는 두 종류의 소유 형태가 나타난다. 하나는 자신이 자신의 노동을 직접 갖는 사적 소유이고, 다른 하나는 자본가에 의한 사적 소유이다. 노동자가 직접 자신의 생산 수단을 갖는 것이 소경영의 기초이며, 소경영은 사회적 생산과 노동자 자신의 자유로운 개인의 발전을 위해 꼭 필요하다. 이 소경영의 형태는 노예제나 농노제 또는 기타의 생산 방식에서도 존재했다.

그러나 이 형태도 이 개인이 노동자인가 혹은 비노동자인가에 따

45) 프리드리히 엥겔스 지음, 김민석 옮김(1987), 『반 듀링론』, 도서출판 새길, 147~149쪽.
46) K. Marx(1976), *Capital*, 金秀行 譯(1989), 『資本論 Ⅰ[下]』, 比峰出版社, 732쪽.

라 사적 소유의 형태가 달라진다. 이것이 번영하고 온 힘을 다 발휘하여 적당한 전형적 형태를 획득하는 것은 노동자가 자신이 취급하는 노동 조건의 자유로운 사유자일 경우, 즉 농민은 자신이 경작할 토지의 자유로운 사유자이고, 수공업자는 그가 숙련된 손으로 다룰 용구의 자유로운 사유자일 경우이다.[47]

이런 측면에서, 자본주의적인 사적 사유는 자기 노동에 기초한 개인적인 사적 소유에 대한 제1의 부정이다. 원시 공동체 사회나 봉건제 사회에서도 토지가 공동의 소유이거나 임자가 없을 때, 그리고 자기가 생산 수단을 지니고 있을 때는 자기 노동의 사적 소유자였다. 그러나 자본주의라는 임노동 체계가 확립된 후에는 자본을 지닌 자인 자본가만이 사적 소유자가 될 수 있다. 자본주의적 생산은 자연적인 필요성, 즉 자본의 필요에 따라 사적 소유를 부정한다. 이것이 제1의 부정이다. 첫 번째 부정은 생산 수단이 자본가에게 장악되어 자본가 밑에서 일해야 하는 상황을 의미하는 부정이고, 두 번째의 부정은 생산 수단의 공유를 통해서 노동자들이 자본가에서 벗어남을 의미하는 부정이다.

마르크스는 부정의 부정을 통해서 공적 소유를 부활시키려 했다. 수탈자에 대한 수탈이 일어나 코뮤니즘(공산주의)이 도래할 것이라는 희망을 예견했다. 자본에 의한 사적 소유의 부정이 제1의 부정이라면, 공유제에 의한 사적 소유의 부정이 제2의 부정이다. 이렇게 부정의 부정을 통해 공유제 정신 또는 공산주의 이념이 생겨날 수 있다. 자본주의 시대의 획득물이 협업과 토지공유 및 생산 수단의

---

47) 九留間鮫進 엮음, 김한민 옮김(1988), 『마르크스 경제학 연구지침』, 도서출판 솔밭, 155쪽.

공유를 통해, 즉 사적 소유의 부정을 통해 가능하다는 것을 열어 놓았다.

모순의
변증법

　모순이란 어떤 사실의 앞뒤, 또는 두 사실이 이치상 어긋나서 서로 맞지 않음을 이르는 말을 일컫는다. 유(있음)와 무(없음), 흰 것과 흰 것이 아닌 것의 예처럼, 두 개의 대립하는 개념 사이에는 그 중간에 있는 개념이 있을 수 없다. 그러나 많음(대)과 적음(소) 사이에는 중간 정도의 크기나 양이 있고, 백과 흑 사이에는 회색이 존재한다. 따라서 인간의 판단이나 논리에서는 항상 모순이 있을 수밖에 없다. '여기에 사람이 있다'와 '여기에 사람이 없다' 사이에는 중간이 있을 수 없다. 모순율은 인간의 이분법적이고 상대적인 사고 체계에서 나온다.

　우리는 하나의 사물이나 관계를 그것과 그것이 아닌 것과 대립시키고자 하는 이분법적인 사고에 능숙하다. 선과 악, 옳고 그름, 아름다움과 추함, 크고 작음 등의 개념이 그것이다. 이분법적인 쌍의 개념은 긍정과 부정, 존재와 비존재로 구성돼 있고, 역으로 이 부정은 그저 '다른 것' 또는 그것에 대립하는 것으로 이루어져 있다. 따라서 비존재는 일반적 개념이고, 다름과 모순은 그것에 종속된 개념이다. 다름 그리고 반대는 유사한 것의 비존재가 구현되지 않는 한 표현될 수 없다.

모순은 유효하고 완전한, 양립할 수 없는 모든 경우에 있는 것은 아니다. 빛은 비-빛의 완전한 모순이다. 빛과 비-빛 사이에 중간적인 것은 아무것도 있을 수 없다. 어떤 명제와 그 명제의 부정 둘 중 하나는 반드시 참이라는 원리인 배중률[48]이 적용되는 것이다. 그러나 실제적인 현상으로 여겨지는 빛과 어둠 사이에는 항상 중간에 있는 그 무엇인가가 있다. 변화가 전적으로 갑작스럽다고 할지라도, 즉 그 빛이 절대적 어둠이 지배하기 이전 순간의 바로 그 장소에서 갑자기 나타난다고 할지라도, 적어도 미광이라고 하는 중간적인 순간이 있다.[49]

모순의 변증법에는 논리적 모순과 존재론적 모순의 두 가지 측면이 있는데, 논리적 모순이 사유의 영역에만 존재하는 데 비해 존재론적 모순은 사물, 체계 따위의 객관적 실재에 속하며 모든 운동과 변화, 발전의 근원이 된다. 그러나 '객관적 실재'나 형이상학적 '그 무엇'에 대한 것을 논리적으로 설명을 해야 할 때가 있다.

석가모니는 논리적 모순과 존재론적 모순의 두 측면을 이해하고 있었다. 석가모니는 논리를 전개하면서 모순과 부정을 즐겨 사용하였다. 석가모니는 인간의 논리 체계에서 나타나는 모순율을 극복하기 위해 무기無記라는 방식을 사용했다. 석가모니는 인간 이성의 이율배반적인 성향을 잘 알고 있었다. 석가모니는 세계는 영원한가

---

48) 배중률排中律(Law of excluded middle)은 논리학에서 어떤 명제 P에 대해, P이거나 P가 아님이 함께 성립한다고 주장하는 법칙이다. 이는 고전 논리에서 기본적인 속성이며, 동일률·비모순율과 함께 (고전적인) 사고의 3원칙으로 꼽힌다. 그러나 논리 체계에 따라 약간 다른 법칙으로 존재하는 때도 있고, 때에 따라서는 직관 논리같이 배중률이 전혀 성립하지 않을 수도 있다.

49) 데오도르 체르바츠키 지음(1930), *BUDDHIST LOGIC* II, 임옥균 옮김(1995), 『佛敎論理學 II』, 경서원, 601~609쪽.

아닌가, 세계는 끝이 있는가 아닌가, 목숨이 곧 몸인가 목숨과 몸은 다른가, 여래는 마침이 있는가 없는가 등의 4가지 명제에 대한 이 율배반적인 물음에 대해서는 대답하지 않았다. 석가모니는 이런 네 가지의 형이상학적 명제들에 대하여 세계의 존재에 관해 다음과 같 이 긍정과 부정의 방식을 사용하여 설명했다.

1. 세계는 영원하다.
2. 세계는 영원하지 않다.
3. 세계는 영원하기도 하고 영원하지 않기도 하다.
4. 세계는 영원하지 않기도 하고 영원하지 않은 것이 아니기도 하다.

석가모니가 이런 형이상학적인 명제들에 대하여 어떤 대답도 하 지 않은 것을 무기無記, 또는 사구부인四句否認이라 한다. 일반적으 로 석가모니의 무기와 사구부인은 언어와 논리적 기술을 초월한 진 리를 확인하는 방법으로 해석됐다. 석가모니의 무기는 주로 형이상 학적 질문들에 적용되고 있다.

『중아함경』「전유경箭喩經」에서, 말룽까붓따(만동자)는 석가모니에 게 세계는 영원한가, 끝이 있는가 등의 문제에 대해 집요하게 물으 며, 때로는 석가모니를 위협하기까지 했다.

"만일 세존께서 나를 위하여 '이것은 진실이요 다른 것은 다 허망 한 말이다'라고 분명히 말씀해 주지 않으신다면, 나는 그를 힐난한 뒤에 그를 버리고 떠나리라."

이에 석가모니는 말룽까붓따를 직접 꾸짖으신 뒤, 이를 설명하지 않는 이유를 독화살의 비유를 들어 설명한다. 세존이 '세상은 영원하다'라고 분명히 말해 주지 않으면, 내가 범행梵行을 행하지 않겠다고 말하는 것은, 어리석은 사람이 그것을 알기도 전에 독이 퍼져 죽게 놔두는 것과 마찬가지기 때문이라 했다. 석가모니는 계속해서 말을 이어간다.

"'세상은 영원하다'는 견해를 가진 사람도 남(生)이 있고 늙음(老)이 있으며 병듦(病)이 있고 죽음(死)이 있으며, 슬픔과 울음·근심·괴로움·번민이 있으니, 이렇게 하여 순전히 괴로움뿐인 큰 무더기가 생긴다."

그러면서 '세상은 영원하다'고 나는 한결같이 그렇게 말하지는 않는다고 했다.

"그것은 이치(義)와 맞지 않고 법法과 맞지 않으며, 또 범행梵行의 근본이 아니어서 지혜(智)로 나아가지 못하고, 깨달음(覺)으로 나아가지 못하며 열반涅槃으로 나아가지 못하기 때문이다."

석가모니는 세상이 영원한가 등의 모순된 명제에 대하여 문제 삼으며, 이에만 집착하는 사람은 독화살을 맞고도 그것을 뽑으려 하지 않고, 독화살의 재료나 출처만을 알려고 하는 어리석은 사람이라 했다. 석가모니가 이들 형이상학적 질문에 대하여 침묵한 이유는, 이것들에 대한 대답이 이치(義), 법法, 범행梵行, 지혜(智), 깨달음(覺), 열반涅槃으로 이끌지 않기 때문이라 했다. 그 해결책으로 석

가모니는 고집멸도苦集滅道라는 사성제四聖諦의 길을 제시했다.[50]

석가모니의 무기는 칸트의 이율배반율과 비트겐슈타인의 무기와 상당히 닮아 있다. 칸트는 본체로서의 물 자체는 우리에게 알려질 수 없고, 다만 우리는 우리에게 주어진 감각 기관과 인식 능력에 따라 우리 의식 속에 나타나는 것, 즉 현상만을 알 수 있을 뿐이라고 했다. 칸트는 세계를 우리가 직접 경험하는 세계와 그것 너머에 존재하는 실재를 구분한다. 경험 세계는 현상을, 실재는 물 자체를 의미한다. 그러나 우리는 물 자체에 접근할 수 있는 수단을 지니고 있지 않기 때문에 이에 대해서 아무것도 말할 수 없다. 우리는 오직 현상에 대해서만 접근할 수 있다. 이런 점에서 실재의 궁극적 본성에 관한 형이상학적인 사변은 처음부터 내재적 한계를 가지고 있다.

칸트에 의하면, 자아·우주·신과 같은 관념에 접근할 때, 객관적 실체를 관찰하는 경험적 방법을 취한다면 반드시 실패할 수밖에 없다. 경험을 초월한 형이상학 영역을 경험적 인식 방법에 적용하면 이율배반에 빠지게 된다는 것이다. 칸트는 이성의 절대성에 대해서 경계했다. 그는 『순수이성비판』에서 우리가 이성만을 가지고 실재의 본성을 이해할 수 있다는 것에 대해 비판했다.

칸트에 의하면, 비판의 대상이 되는 이성은 '순수한 이성'이다.[51] 칸트는 지식이란 감각 경험과 지각자의 개념 양자를 모두 요구한다고 주장한다. 두 가지 요소 중 하나라도 없다면 무의미하며, 특히 현상 너머에 존재하는 것들에 대한 형이상학적 사변은 경험 때문에

---

50) 김월운 옮김(2008), 『중아함경 4』, 동국역경원, 501~510쪽.
51) 임마누엘 칸트(2006), 백종현 옮김(2006), 『순수이성비판 1』, 아카넷, 19~20쪽.

확증되지 않는 한 무가치하다. 즉, 순수한 이성은 초월적 실재의 본성에 접근하는 데 충분하지 않은 것이다.

칸트는 비경험적 요소에까지 미치는 우리의 이성 능력을 배제한다. 이것이 칸트의 '이성 비판'이다. 물物 자체나 자아를 과학적으로 규명하려고 할 때, 우리는 시공간에 의한 제한과 시공간의 초월이라는 모순된 명제를 모두 포괄해야 하는 이율배반의 상황에 부딪힌다. 마찬가지로 혼합물과 단순 부분의 관계, 인과성과 자유의 관계, 절대자의 존재 등도 같은 식의 이율배반이 나타난다. 여기에서 이율배반이란 한 명제를 놓고 반드시 그 명제의 부정에 대해서도 비슷한 정도의 주장을 할 수 있음을 의미한다. 상반되는 두 명제가 동시에 참으로서 증명될 수 있는 아이러니한 상황을 맞이하게 된다. 칸트의 이율배반론은 세계나 인간의 논리적 설명에서 모순이 일어날 수 있다는 것을 지적한 것이다. 이는 석가모니가 알 수 없는 것이나 모순적인 것에 대해 답을 하지 않았던 방식인 무기無記와 비슷하다 할 수 있다.

비트겐슈타인은 『논리-철학 논고』에서 "세계는 사물의 총체가 아니라 사실의 총체다."라고 시작했다. 비트겐슈타인은 '세계는 사실의 총체'라는 주장을 언어에서 찾았다. 그에게 있어서 언어는 나와 세계를 이어주는 연결체이자 매개체이다. 인간은 언어를 통해서 의미를 지닌 물질적 기호들을 실천적 삶의 형태(form of life)로 나타낸다. 그는 인간이 언어 게임을 통해 실천적인 삶을 살고 있다고 했다. 그리고 비트겐슈타인은 "우리가 말할 수 없는 것에 대하여는 침묵 속에서 지나쳐야 한다."는 말로 『논리-철학 논고』를 끝냈다.[52]

---

52) 조중걸 지음(2018), 『비트겐슈타인 논고 해제』, 북펀, 18쪽·396쪽.

비트겐슈타인의 이런 언명은 석가모니의 무기를 연상케 한다. 비트겐슈타인에 의하면, 사유와 언어와 세계는 모두 세계 영혼으로서의 나의 영혼, 나의 언어, 그리고 나의 세계이다. 사유와 언어의 한계들은 곧 나의 사유와 언어의 한계들을 의미한다. 그런데 이러한 사유와 언어의 한계들은 또한 논리의 한계이다. 세계는 영원한가 아닌가, 세계는 끝이 있는가 아닌가 등의 형이상학적인 질문들은 정의될 수 없는 것이다.

마르크스는 인간의 모순을 자본주의에서 찾았다. 자본주의적 생산 과정은 단지 사용 가치를 생산하는 구체적 유용 노동의 과정일 뿐만 아니라 잉여가치를 생산하는 과정이다. 자본주의적 생산의 목적은 잉여가치의 생산이다. 자본주의적 생산하에서 의류, 기계, 전기, 자동차 등의 산업은 단순히 유용성을 지닌 상품을 생산해 내는 것이 아니라 되도록 많은 잉여가치를 남긴 상품을 획득하기 위해 생산한다. 자본주의적 생산의 목적은 많은 잉여가치를 내도록 하는 것인데, 이 잉여가치의 발생은 노동 과정에서 발생한다.

자본주의 사회에서는 그 사회의 구성원들이 생활을 유지하기 위해 옷이나 식량 등의 소비재(소비 수단)만이 아니라 그 소비재를 생산하기 위한 생산 수단이 필요하다. 그런데 자본주의 사회에서는 자본가 계급만이 공장의 건물, 기계, 원료 등의 생산 수단을 소유하고 있기에 잉여가치의 쏠림 내지는 전유 현상이 일어난다. 잉여가치는 노동자들이 생산하는 노동 과정에서 발생하지만, 잉여가치 대부분은 생산 수단을 점유하고 있는 자본가들이 가져간다. 이처럼 자본주의의 근본 모순은 잉여가치의 배분에서 발생한다. 자본주의의 근본 모순은 생산 수단을 장악한 자본가들과 잉여가치를 발생시키는 노동자들 사이의 배분에서의 갈등 내지는 대립에서 발생하는 것이다.

또 하나의 모순은 상품 생산에서 발생한다. 자본주의적 생산은 돈벌이(잉여가치의 획득)를 목적으로 행해지지만, 그 돈벌이는 상품 생산의 기초 위에서 이루어진다. 따라서 마르크스는 『자본론』의 연구를 상품의 분석으로부터 시작한다. 『자본론』의 제1장은 '상품'으로 시작한다. 상품은 사용 가치와 가치라는 대립과 통일이라는 모순의 산물이다. 따라서 마르크스는 먼저 가치를 사상捨象하고 사용 가치만을 연구하고, 다음 사용 가치를 사상捨象하고 가치만을 가지고 연구하여, 상품에 담겨 있는 모순을 밝혔다.

대나무의 예를 들어 사용 가치와 (교환) 가치의 모순을 설명해 보자. 대나무는 태곳적부터 존재해 왔다. 그 대나무가 어떤 시점부터 인간에게 유용한 물질이라는 것을 알게 됐다. 그전에는 아무 쓸모가 없다고 생각했던 대나무가 어느 날 인간에게 유용한 사물로 다가왔다. 시기와 조건이 달라지자 효용성이라는 가치가 달라졌다. 조건과 환경이 바뀌자 대나무의 성질과 쓰임이 바뀌었다. 대나무에 무엇인가 유용한 성질이 있다는 것을 알아챘다. 즉 가치라는 추상적 성질을 알아낸 것이다. 그러던 어느 날 대나무로 만든 바구니가 인간의 욕망을 채워 주는 그 무엇이 담겨 있다는 것을 알아챘고, 다른 사람들도 이 바구니가 필요하다는 것도 알아챘다.

대나무 바구니가 교환의 대상이 되었다. 대나무 바구니를 쌀이나 밀 등의 곡식으로 바꾸게 되었다. 대나무와 쌀이 교환의 대상이 됐다. 대나무가 쌀이라는 동등한 가치를 지닌 물품으로 교환된다. 가치는 상품이 지닌 속성에 의해 결정된다. 상품의 가치는 인간이 필요로 하는 욕망을 충족시켜 주는 그 무엇에 의해 결정된다. 교환 가치는 가치와 가치가 교환되는 것으로, 구체적으로는 상품에 담긴 노동 가치가 등가로 교환되는 것을 의미한다.

자본주의하에서의 상품은 그 상품이 교환될 때(소비될 때) 비로소 의미를 지니게 된다. 마르크스는 자본주의하에서 가치의 핵심은 사용 가치가 아니라 (교환) 가치에서 나온다고 보았다. 자본주의하에서는 어떤 하나의 상품이 가치를 가지려면 시장에서 교환 가치를 보장받을 때, 즉 상품이 소비될 때 비로소 가치가 실현된다고 보았다. 따라서 자본주의하에서 상품의 가치는 그 상품이 교환될 때, 즉 소비되어서 그 가치를 시장에서 인정받을 때 노동 가치가 담긴 상품으로서의 가치를 보장받는다.

만약 그 상품이 시장에서 교환 가치를 보장받지(소비되지) 못할 때는 원래 상품이 지닌 (노동 가치가 담긴) 사용 가치가 사장되기 때문에 가치 자체가 없어진다. 시장에서 가치를 인정받지 못할 때 상품의 생산자는 그 상품을 내다 버려야 한다. 물론 싸게 팔거나 이른바 '땡처리'를 할 수도 있지만, 그때에도 비용은 발생한다. 상품의 생산자는 유통 과정에서 잉여가치를 발생하지 못함으로써 몰락의 길로 접어들고, 그 결과로 노동자들에게 임금을 지급하지 못하는 경우가 발생한다. 임금을 받지 못한 노동자들은 소비하지 못하게 되고, 소비의 부진은 다시 생산의 위축으로 이어진다.

마르크스는 자본주의의 위기를 이러한 사용 가치와 (교환) 가치가 일치하지 않는 자본주의적 생산 양식의 근원에서 찾고 있다. 공황, 금융 위기, 재정 위기 또는 여타의 경제적 위기 등의 계속된 자본주의 위기는 사용 가치와 가치가 일치하지 않는 데서 나오는 것이다. 자본주의의 근본 모순은 생산 수단의 사적 소유에 따른 잉여가치의 사회적 배분에서 나온다. 잉여가치는 생산 과정에서 발생하지만, 잉여가치의 구체적 실현은 교환 과정에서 나온다.

자본주의에서는 상품을 만들어 내는 생산 능력도 중요하지만, 이보다 더 중요한 것은 만들어 낸 상품을 어떻게 소비시킬 것인가가 더 중요하다. 소비의 단계에서 그 상품의 소비가 되지 못하면, 다시 말해 (교환) 가치가 실현되지 못하면, 그 상품의 사용 가치는 사라져버린다. 자본가들이 제품의 소비를 위해, 즉 교환 가치의 실현을 위해 모든 노력을 기울이게 되는 이유이다.

석가모니의 무기와 사구부인은 인간이라는 존재가 논리 전개를 해나가는 데에 있어서, 그리고 실체를 증명하는 데 한계가 있는 형이상학적 질문에 대하여 취한 반응이다. 이런 의미에서 석가모니는 형식논리학과 형이상학을 넘어서는 명제들에 대해서는 답을 하지 않는 방식을 취했다. 석가모니는 인간이 지닌 한계와 모순을 알고 있었다. 그는 형이상학적이면서도 인간의 이성으로는 밝힐 수 없는 것에 대해서는 침묵하는 무기의 방식을 취했다. 고통에서 벗어나는 것은 가능하다고 하며 이는 인간의 몫이라 했다.

마르크스는 자본주의의 모순은 노동자 스스로가 자기의 몫을 정당하게 가져가지 못하는 자본주의 체제 자체에서 나온다고 보았다. 그는 자본주의 내에서 발생하는 사용 가치와 가치의 모순, 그리고 자본가와 노동자의 가치 배분에 따른 모순과 이에 따른 생산관계를 밝혀내는 데 온 힘을 기울였다. 그는, 자본주의의 모순은 생산 수단을 전유하고 있는 자본가가 잉여가치 대부분을 가져가는 데 있다고 보았다. 잉여가치는 생산 과정에서 발생하는데, 이는 사용 가치와 교환 가치가 일치하지 못하는 데서 나오는 것이라 보았다. 따라서 자본주의의 근원적 모순은 노동자가 자기가 생산한 가치를 제대로 가져가지 못하는 것과 사용 가치와 가치가 일치하지 않는 모순이다. 부정과 모순의 변증법은 연기적 사유와 사적 유물론을 통해 구체화한다.

연기적 사고와
사적 유물론

연기란 연하여 일어난다는 것이다. 연하여 일어난다는 것은 조건과 관계가 중요하다는 것이다. 이런 연기적 사유와 근접한 사고 방식을 보여 주는 사람이 마르크스라고 한다면 많은 이들이 뜻밖이라고 생각할 것이다. 한때 마르크스는 헤겔이나 포이어바흐처럼 인간에겐 고유한 본성이 있는데, 자본주의에 이르러 그것을 상실한 '소외' 상태에 빠졌다는 식으로 생각했다. 그러나 그는 곧 청년기의 헤겔식 좌파주의에서 벗어나 역사적 조건에 따라 모든 것이 달라진다는 변증법적 유물론으로 생각을 바꾸게 된다. '역사적 조건'이란 말을 '연기적 조건'이란 말로 바꿔 쓰게 되면 역사적 유물론이 된다.[53] 이런 점에서 석가모니의 연기적 사유와 마르크스의 역사적 유물론은 상당한 유사점을 지니고 있다 할 수 있다.

석가모니는 깊은 사유 끝에 존재의 생명 순환 체계와 고통의 원

---

53) 이진경 지음(2016), 『불교를 철학하다』, 한겨레출판, 26쪽.

인을 연기법으로 정리하였다. 연기법의 핵심은 인과관계와 조건이다. 연기법은 존재의 생성과 소멸의 관계성關係性을 논한다. 모든 것은 홀로 존재하지 않고 상호관계 속에서 존재한다. 즉 모든 존재는 전적으로 상대적이고 상호의존적이다. 통상적으로 '이것이 있으므로 저것이 있고'와 '이것이 생기므로 저것이 생긴다'라는 긍정의 구절로써 존재의 생성에 관한 관계를 설명한다. 또한 '이것이 없으면 저것도 없고'와 '이것이 사라지면 저것도 사라진다'라는 부정의 구절로써 존재의 생성과 소멸을 설명했다.

연기법에서는 인과관계만이 아닌 조건이나 환경도 중요하다. 모든 존재는 그 존재를 성립시키는 여러 가지 원인이나 조건에 의해서 생겨난다. 서로는 서로에게 원인이 되기도 하고 조건이 되기도 하면서 함께 존재하는 것이다. 인과관계와 조건에 관한 중요성은 『잡아함경』 제2권 「종자경種子經」의 '다섯 종류의 종자'에서 잘 설명되고 있다.

"다섯 종류의 종자가 있다. 어떤 것이 다섯 가지인가? 이른바 뿌리가 종자인 것(根種子), 줄기가 종자인 것(莖種子), 마디가 종자인 것(節種子), 절로 떨어지면 그것이 곧 종자인 것(自落種子), 열매가 종자인 것(實種子)이니라. 이 다섯 종류의 종자가 비록 끊어지지도 않고, 부서지지도 않고, 썩지도 않고, 바람을 맞지 않고, 새로 익은 단단한 열매라 하더라도 땅만 있고 물이 없다면, 그 종자는 성장하고 뻗어 나가지 못할 것이다."[54]

---

54) 김월운 옮김(2015), 『잡아함경 1』, 동국역경원, 55쪽.

예를 들어, 열매는 씨라는 종자에서 발생한 것이기 때문에 '인과적'이라 할 수 있다. 그러나 석가모니는 종자에 의해서 열매가 생성된 것이라는 원인만이 아니라 열매가 생성될 수 있는 조건과 환경도 강조하고 있다. 여기서 종자가 인因이라면 땅이나 물은 연緣이다. 인인 종자가 있다 하더라도 연이 따르고 그 종자가 싹트고 생성하기 위해서는 적절한 흙이나 물, 햇볕 등 그 종자의 생기를 위한 조건이 충족되어야 한다. 종자를 싹트게 하고, 열매를 맺고, 잘 자라게 하기 위해서는 햇빛, 물, 공기, 땅, 바람 등의 모든 환경과 조건이 필요하다.

이 세계는 신이나 브라만에 의하여 창조된 것이 아니라 서로의 의존관계 속에서 인연에 따라 생멸生滅한다. 석가모니가 보리수 아래에서 처음 깨달은 진리가 바로 연기법이다. 그런 의미에서 연기의 원리 위에 불교의 사상과 사유 체계가 전개되었다고 보아도 무방하다. 연기의 원리는 석가모니가 깨달은 진리의 내용을 뒷받침할 뿐만 아니라, 불교 논리를 제대로 전파하기 위한 바른 관찰이자 올바른 지혜를 얻는 수단이다.

연기에는 외연기外緣起와 내연기內緣起가 있다. 외연기는 외계의 자연 현상과 관계되는 연기를 말한다. 마음 밖의 대상과 대상의 관계 또는 사물과 사물의 관계를 다룬다. 내연기는 인간 내부의 정신 현상에 관한 가치적 현상을 다룬다. 그러나 불교에서의 외연기는 주로 복잡한 내연기를 쉽게 이해하기 위해 비유적으로 쓰는 경우가 많다. 연기가 말해진 본래의 목적은 내연기에 있다고 보는 것이 타당하다.[55] 내연기는 무명에 의해 행이 일어나고, 종국에는 생김과

---

55) 水野弘元 著(1972), 金炫 譯(1993), 『原始佛敎』, 도서출판 벽호, 101쪽.

사라짐이 일어나는 관계인 12연기를 일컫는다. 석가모니의 연기법은 무명에 의해 일어나는 마음 작용인 행, 즉 업이 발생하는 과정을 설명한다. 즉, 고통의 원인이 마음에서 일어난다고 하는 내연기를 설파한 것이다.

석가모니의 연기가 주로 마음의 관계를 밝히는 내연기를 설명하고 있다면, 마르크스의 사적 유물론은 외연기, 그중에서도 인간의 역사적 조건이나 경제적 관계에 초점을 맞추고 있다 할 수 있다.

연기는 사물이 서로 의존하고 있음을 밝힌다. 무엇에 의해 무엇이 일어난다는 것에는 모든 현상은 무수히 많은 원인과 조건이 서로 관계해서 성립된다는 뜻이 담겨 있다. 모든 존재는 그럴 만한 조건과 원인이 있어서 생긴다. 여러 조건과 원인이 없어진다면 결과도 저절로 없어진다.

연기적 사유를 인간 역사에 적용하면 사적 유물론이 된다. 석가모니의 연기법은 내연기에 해당하고, 마르크스의 사적 유물론은 외연기에 해당한다. 사적 유물론은 인간의 생활에 필요한 물질적 재화를 생산하면서 생겨나는 사람들 사이의 관계를 들여다보는 것이다. 사적 유물론은 사회의 내적 구조와 그것의 외적인 환경, 주위 환경과 자연 사이의 상호연관성인 생산관계를 파악하는 것이다. 사적 유물론은 인간의 행위와 활동의 역사적 조건과 관계를 들여다본다. 연기가 인간의 행위로 인㈀하여 발생(起)할 수 있는 조건과 관계를 보는 것이라면, 사적 유물론은 인간의 활동을 역사적인 맥락에서 바라보는 것이다. 생산은 인간과 자연의 상호 과정에서 발생하는 연기적 행위이다. 자연과의 상호작용에서 인간은 주위의 자연을 활용하여 생존 수단을 획득한다.

노동과 생산은 사회적 존재인 인간이 자연을 활용하여 자신의 생존을 이어가는 과정이다. 사적 유물론은 이러한 인간의 역사적 발전 과정을 추적하는 것이다. 변증법적 방법을 인간 사회에 역사적으로 적용할 때 사적 유물론이 된다. 사적 유물론에서는 사회적 존재와 사회적 의식, 물질적 관계와 이념적 관계, 생산 양식, 생산력과 생산관계, 사회구성체 등과 같은 범주와 문제들, 즉 연기의 조건이 구체적으로 다루어진다. 사적 유물론에서는 자연과 인간 사이의 관계에서 인간의 노동이라는 실천적이고 능동적인 행위를 중시한다. 자연과 인간과의 관계에서 인간은 인간의 노동으로 인하여 인간의 역사를 만들어 간다. 동물은 자연에서 받아들인 것을 직접 소비하지만, 인간은 자연에 대하여 노동을 가함으로써, 즉 (정신적·육체적) 행을 함으로써 물건을 만들어 나가고 욕망을 채워 간다. 사적 유물론은 인간의 물질적인 행위, 즉 구체적인 노동 행위가 중요하다고 하며, 이러한 의미에서 삶이 의식을 규정하는 것이지, 의식이 삶을 규정하는 것은 아니라고 했다.

　연기적 사유에서는 같은 것일지라도 조건에 따라 그 본성이 달라진다고 한다. 『잡아함경』「종자경」에서 설명하듯이 종자는 다른 환경과 조건에 따라 다른 결과물을 낸다. 조건과 환경이 달라지면 과정과 결과도 달라진다. 연기론은 존재의 행위가 조건과 상황에 따라 과정과 결과도 바뀔 수 있다는 것을 설파한다. 본성과 본질 또한 조건과 상황에 따라 달라질 수 있다.

　아리스토텔레스는 노예는 본성이 노예라고 했지만, 그 노예가 언제, 어디서, 어느 집에서 태어나느냐에 따라 그의 신분은 달라진다. 석가모니는 본래 왕자로 태어났으나 왕자라는 신분을 버리고 구도

자의 길을 택했다. 유럽에서 노예로 살아야 했던 흑인은 원래 노예가 아니었다. 단지 인간의 탐욕 때문에 노예로 끌려 온 것뿐이다. 미국에 원래 거주하고 있었던 원주민도 원래는 그곳의 선주민이었다. 그들을 학살하고 이른바 '야만인'이라 이름 붙인 것은 백인이었다. 인도에서도 아리안족은 선주민이었던 드라비다족을 몰아내고, 그들을 노예로 만들었다. 흑인이 그의 고향인 아프리카에서 태어났을 때는 노예가 아니었다. 그런데 그들이 백인 노예상에 의해 강제로 붙들려 와서, 아메리카와 유럽에서 노예가 되었다. 불과 백 년 전까지도 그들은 미국에서 노예로 취급됐으나 지금은 노예가 아니다. 물론 지금도 일부 백인들은 흑인을 노예로 취급한다. 흑인이나 노예라는 본성이 존재하지 않음에도, 여전히 많은 사람은 노예나 흑인의 본성이 있다고 생각한다. 인간의 본성이나 상태는 그 조건과 환경에 따라 바뀔 수 있다.

대나무를 예로 들어 연기를 설명해 보자. 대나무는 충분한 햇볕과 공기, 적당한 토양과 수분이 있어야 성장이 잘된다. 특히 수분이 충분하면 더 잘 자란다. 우후죽순이란 비가 온 뒤에 대나무가 쑥쑥 잘 자란다는, 성장의 조건을 표현한 말이다. 충분히 자란 대나무는 여러 용도로 쓰인다. 바구니, 책상, 의자, 부채, 창살 문, 연의 살 등 아주 다양한 용도로 쓰인다. 때로는 죽창이나 회초리 등으로 쓰이기도 한다. 대나무는 그 쓰임이 용도에 따라 달라진다. 어떤 때는 인간에게 유용한 생활의 도구로 쓰이지만, 어떤 때는 살인 무기가 되기도 한다. 확정된 대나무의 본성이 없음에도, 대나무는 시기, 상황, 조건에 따라 그 쓰임이 달라진다. 조건과 상황에 따라 바구니나 부채 등 인간에게 유용한 도구로도 쓰이고, 죽창이라는 무서운 무기로도 쓰인다. 조건과 상황에 따라 유용한 물건으로, 때로는 무서운 무기로도 쓰이게 된다. 즉 조건과 상황이 바뀌자 본성이 달라진 것이다.

자본주의에서는 대나무가 유용한 상품으로 기능한다. 중국에서 값싼 노동력으로 만들어진 대나무 제품들은 전 세계로 팔려 나간다. 자본주의라는 역사적 조건에서 그 사물이 상품이 된다. 사람도 조건에 따라 노예로도, 값싼 노동자로도, 엄청난 가치를 지닌 자본가로도 기능할 수 있다. 연기법은 조건에 따라 본질이 달라질 수 있다는 것을 설명하는 것이고, 사적 유물론은 역사적 조건과 상황에 따라 인간의 삶이 달라질 수 있다는 것을 설명한다.

관념론과
유물론

인간은 실제 대상을 어떻게 인식하느냐 또는 어떻게 보느냐에 따라 사유를 달리해 왔다. 인간은 자연과 존재 또는 물질이 더 근원적인가 아니면 정신과 의식 또는 관념이 더 근원적이냐에 대한 의문을 계속해 왔다. 물질이 먼저 있었는가 또는 의식이 먼저 있었는가, 존재와 물질이 사유와 의식을 결정하는가 아니면 사유와 의식이 존재와 물질을 결정하는가에 관한 의문은 계속돼 왔다. 물질적인 것과 정신적인 것은 세계에 존재하는 모든 것을 포괄하는 양 요소이다. 그러므로 모든 세계관은 이 양자의 관계에 대한 해석이나 해답과 결부돼 있다.

정신이야말로 근본적으로 영원한 존재이고 물질은 그 산물이라고 주장하는 사고 체계를 관념론이라 부른다. 이와는 반대로 세계는 영원한 옛날부터 존재했고, 인간이 없던 시대에도 세계는 존재했으며, 이들이 물질적으로 통일되어 있다면 물질이야말로 근본적이고 영원한 존재이며, 정신이라는 것은 신경 조직과 기관을 지닌 생물의 발생 이후에야 비로소 나타난 것이라 주장하는 세계관을 유물론이라 부른다. 유물론에서는 정신은 살아 있는 인간의 뇌수가 갖는 기능이며, 뇌수를 벗어나거나 인간과 분리되어 공간에서 떠다니고 있는 영혼 같은 것은 인정하지 않는다.[56] 유물론과 관념론은 이같이 실재와 사유의 관계를 나타내 주는 세계관이자 사유 체계인데, 나는 이 세계관의 구별도 고정되거나 이분법적으로 보아서는 안 된다는 생각이다.

물질적인 것이 먼저 존재해 있고, 그것에 대해서 인간이 표상하고 사고한다는 태도는 인류의 역사만큼이나 오래되었다. 유물론은 물질을 중심에 놓고 사고하기 때문에 자연의 상태나 자연과 인간과의 관계에 관심이 많았다. 이러한 태도를 유지하고 이를 철학적인 입장으로 이해하려 한 사람들은 고대 그리스의 자연 철학자들이었다.

탈레스에서 데모크리토스에 이르는 초기 그리스 자연 철학자들은 세계의 원리를 자연적인 사물 자체에서 찾으려 했다. 고대 그리스의 이오니아 철학자들은 자연을 '객관화하여 그 자체로서' 이해하는 사고, 즉 유물론적 사고를 했다. 유물론자들은 물질을 근원적인

---

56) 황세연 지음(2011), 『변증법이란 무엇인가』, 중원문화, 50~51쪽.

것으로 간주하며, 인간을 둘러싸고 있는 세계는 누구에 의해서도 창조되지 않았다고 주장한다. 유물론은 의식이나 정신보다는 실제 대상과 물질을 중시하고, 추상적 가치보다는 구체적인 물질 대상을 더 중시한다. 마르크스주의에서는 경제적 토대, 곧 구체적인 일상의 경제적 상태에 더 주목했다.

물질과 정신의 이분법은 데카르트에 의해 공고화됐다. 데카르트는 이 세상이 두 가지 종류의 본질(substance)로 이루어져 있다고 주장했다. 데카르트는 이 세상을 이루고 있는 본질을 물질과 정신, 몸과 마음, 주체와 객체 등으로 분리하여 존재와 인식의 이원론을 주장했다.[57] 데카르트의 물질과 정신, 몸과 마음을 분리하여 생각하는 사고에서 인간은 '생각하는 기계'로 인식되면서 기계적 이원론의 중심 사고가 됐다. 그러나 물질과 존재가 우선한다는 식의 사고나, 관념과 사고가 우선한다 등의 이분법적 사고나 기계론적인 사고보다는 상대적인 사고, 상호이행적인 사고, 변증법적인 사고가 필요하다. 물질과 인식(관념)의 관계는 그것이 어떤 것이 먼저냐를 주장하기보다는, 뇌가 인지한 것을 육체가 행하고 있다는 체화體化의 의미로 이해해야 한다.

신의 존재와 관련된 논쟁에서도 신이 인간을 창조했다는 것을 강조하면 신의 존재를 믿는 것이 되면서 관념론이 되지만, 그러한 생각이나 사고가 인간의 뇌에서 나온 것이라고 하면 유물론이 된다. 우리가 존재의 근원을 따지는 '닭이 먼저냐, 달걀이 먼저냐' 하는 논쟁에서도 물질 중심의 사고를 우선시하는 사람들은 달걀이 먼저라

---

57) Jim Holt(2012), *WHY DOES THE WORLD EXIST? An Existential Detective Story*, 우진하 옮김(2013), 『세상은 왜 존재하는가』, 21세기북스, 23쪽.

고 이야기한다. 이들은 달걀은 단백질로 구성된 유전자와 세포라는 물질에서 나왔고, 닭이라는 생명은 물질적인 달걀에서 나왔다고 믿기 때문이다.

따라서 물질이 유일하다고 주장하는 유물론이나 관념이 유일하다고 믿는 관념론에 대한 논쟁에서도 무엇이 우선이냐, 무엇이 유일하냐는 사고에 매몰되기보다는, 이에 대한 관계가 상호적이며 변증법적이라는 것을 이해하는 것이 중요하다. 우리는 유물론과 관념론을 바라보는 데 있어서, 이를 물질(육체)과 관념(정신, 사고)이라는 이분법이 아닌, 인간이 정신적·육체적 행위를 하고, 이에 의미를 부여하기 위해 언어를 사용하고 소통하는 인간의 몸과 정신을 들여다보는 것이 필요하다.

당시 인도에서도 주체나 자아의 물질과 정신의 독자적인 존재 내지는 물질과 정신의 분리 여부가 문제가 되었다. 당시의 사유 체계에서는 '정신적 실체와 물질적 신체는 다르다'와 '정신적 실체와 물질적 신체는 같다'로 견해가 갈렸다. 이는 구체적으로 정신적 실체와 물질적 신체가 어떻게 다른지에 관한 관심으로 모였다. 정신적 실체 쪽을 택한 사람들의 탐구는 영원불멸의 정신적 실체 개념을 강조하였다. 한편 정신적 실체를 물질적 신체와 같은 것으로 보는 견해에서는 단지 자아는 태어나서 죽을 때까지만 존재한다는 것을 주장할 뿐 아니라 어떠한 독립적인 의식 활동도 거부했다.

이러한 논쟁은 석가모니가 주체적인 정신적 활동의 독자성, 특히 무아를 주장했을 때 극에 달했다. 일반적 사람들에게는 석가모니의 주체적인 정신 실체의 부정이 상당한 불안을 가져다주었다. 이에 대해 석가모니가 취한 반응은 관념론(유심론)이나 유물론자들의 견해들을 다루면서 '분석적'인 방식을 택했다는 것이다.[58] 석가모니는 분석하는 것을 목표가 아니라 하나의 수단으로 삼았다. 그런 의미에서 석가모니는 실용론자였다. 그는 존재와 인식의 문제를 다루는데 있어서 관념론이나 유물론의 한편으로 치우치지 않았다.

불교의 정신과 마음에 대한 견해는 '유식론唯識論'에서 잘 드러난다. 유식의 의미를 가장 함축적으로 표현하는 말은 아마도 '일체유심조一切唯心造'일 것이다. 일체유심조의 해석을 통해 우리는 불교에서 마음 또는 정신에 대해 어떻게 생각하고 있는지를 추정해 볼 수 있다.[59]

첫째, '모든 것은 내가 마음먹은 대로 할 수 있다' 또는 '모든 것은 마음이 실제로 만든다'는 것으로 해석하는 것이다. 이는 마음이 모든 것을 결정한다는 마음 결정론이다. 하지만 이 기계적 결정론을 액면 그대로 받아들이는 사람은 없을 것이다. 세상이 만약 내가 마음먹은 대로 된다고 하면, 이 세상은 누구나 아무런 고민이나 어려움 없이 살아갈 수 있다. 즉 모든 것이 내 마음먹은 대로 된다면, 그가 곧 절대자이다. 이렇게 된다면 세상은 내 마음대로 모든 것이 이루어지니, 적어도 마음을 그렇게 먹은 그에게는 아무 문제도 없고, 아무 모순도 없는 절대자가 된다. 또 다른 창조나 절대자가 탄생하는 것이다. 내 마음먹은 대로 되려면, 내 마음이 상대방의 마음과 일치해야 한다는 전제가 꼭 필요하다. 하지만 이는 세상의 이치와도 맞지 않고, 불교의 원리와도 맞지 않는다. 같은 것이 하나도 없

---

58) D.J. 칼루파하나 지음(1992), 김종욱 옮김(1996), 『불교 철학사』, 시공사, 123~124쪽.
59) 일체유심조의 마음에 대한 해석은 목경찬 지음(2012), 『유식불교의 이해』, 불광출판사, 22~23쪽을 참조하여 본인의 견해를 덧붙였다.

고, 변하지 않는 것도 없다는 것이 불교의 원리다.

둘째, 모든 것은 내 마음에 의해 그렇게 보인다는 뜻이다. 여기서 그렇게 보인다는 것은 내가 그렇게 인식한다는 것이다, 이는 세계가 나의 인식 세계 속에서, 나의 언어 체계 내에서 그렇게 보인다는 뜻이다. 세상은 '내가 본 것처럼 그렇게 있지 않다'라는 말은, 실재의 세상은 내가 어떻게 보느냐에 상관없이 그냥 그대로 존재하는데, 우리는 이를 우리의 인식 체계와 언어 체계 내에서 그렇게 표현한다는 뜻이다. 우리가 하늘이 푸르다고 하는 것은 빛의 파장을 우리의 눈이 그렇게 인식한 것이다. 색맹인 사람이나 동물의 경우는 하늘을 푸르다고 인식하지 않을 수 있다.

세상과 물질 세계는 항상 변하고 있고, 그 때마다 또는 그 장소나 조건에 따라 다르게 보인다. 이는 양자역학에서도 증명되었다. 양자역학의 전형적인 상태는 자기 본성 없이 지속하며, 어떤 독특하거나 독립적으로 존재하는 본질 없이 그 시스템은 발전되고 있는 대상으로 지속적인 발전의 연속을 유지하는 것이다. 이는 공 사상이나 연기에 근거한 불교의 중관 사상과 독자적인 자기동일성이나 자성이 없다는 양자역학의 원리와 정확히 일치한다.[60]

예를 들어, 지금 내 눈앞에 보이는 의자나 책상은 빈틈이 없는 꽉 찬 사물로 보인다. 하지만 이들을 전자현미경으로 들여다보면 그 사물은 꽉 차 있지가 않고 텅 비어 있다. 그리고 현재는 움직이지 않는 물체로 보이지만, 그 안에서는 분자, 원자 등의 입자가 끊임없이 활동하고 있다. 이를 우리는 그 물체가 꽉 차 있다든지 움직

---

60) 빅 맨스필드 지음(2008), 이중표 옮김(2021), 『불교와 양자역학』, 불광출판사, 73쪽.

이지 않는다고 표현한다. 이는 '세상은 내가 본 것처럼 그렇게 있지 않다'는 것을 입증한다. 우리가 사물을 보고 듣고 표현하는 것은 우리가 배워 왔던 교육 체계와 표현 체계 또는 상징 체계 내에서 이루어진다. 우리는 이를 "내 마음에 의해 그렇게 보인다."고 표현하는 것뿐이다.

셋째, 마음먹기 나름이라는 뜻이다. 일체유심조를 이렇게 해석하는 것이 가장 타당할 듯하다. 우리가 무엇을 행할 때 어떻게 마음을 먹느냐에 따라 달라진다. 내가 내일 아침에 일찍 일어나야 한다고 했을 때, 상당 부분은 나의 마음 상태에 따라 달라진다. 마음의 상태가 그 사람의 행위와 습관에 영향을 미친다는 뜻이다.

우리가 흔히 하는 이야기 중 하나가 어떤 사람이 출근할 때의 행동과 습관을 살펴보면, 어떤 사람은 매일 10분 전에 출근하는 사람이 있고, 정시에 출근하는 사람이 있고, 매일 10분을 늦는 사람이 있다고 한다. 이는 사람의 유형을 분류하는 것이지만, 상당 부분은 그 사람의 마음가짐의 상태를 보여 준다고 할 수 있다. 마음먹기 나름이라는 뜻의 의미는 바로 그 사람의 마음가짐을 말하는 것이다.

불교에서 깨달음을 알아 '열심히 수행 정진하라'는 의미는 항상 마음을 다잡으라는 것으로 이해할 수 있다. 흔히들 정진할 때나 무슨 일을 할 때 낙숫물이 바위를 뚫듯이 하라는 말이 있다. 이는 조급하게 굴지 말고 느긋하게 마음을 다잡아 천천히, 그리고 열심히 하라는 의미이다. 이때 마음을 다잡는 통찰이 있다. 공자가 마음을 두고 했던 말, '조즉존操則存 사즉망捨則亡', 즉 '붙잡으면 보존되고 놓으면 잃는다'이다.[61] 마음은 그 누구의 것도 아닌 바로 나의 것

---

61) 조윤제 지음(2020), 『다산의 마지막 공부, 마음을 지켜낸다는 것』, 큰 글자

이다. 마음을 붙잡는 것도 나 자신이며, 잃어버리는 것도 나 자신이다. 잃어버리기 쉬운 것이 마음이지만, 다시 찾아오기 쉬운 것도 마음이다. 내가 마음을 어떻게 먹느냐에 따라 달라질 수 있다는 것이다. 따라서 불교의 유식론은 마음이 중요하다는 것을 강조하기 위해, 인식이라는 것 자체도 인간이 물질이나 대상을 대상이라고 인식해야 시작된다고 한다. 석가모니의 오온도 색을 수, 상, 행, 식이라는 단계를 거치며 인식하고 행을 한다.

마르크스주의 인식론은 철학 일반과 마찬가지로 존재에 대한 사고의 관계를 해명하는 것에서 출발한다. 구체적으로는 물질과 사고의 관계를 해명하는 데서부터 출발한다. 유물론적 사고는 물질과 정신의 관계에서 관념론과는 다르게 접근한다. 관념론에서는 물 자체는 인식할 수 없지만, 감각을 통해서만 인식한다고 한다. 불교의 유식론에서는 인간이 오감을 통해 인식하는 것 자체는 인정하지만, 감각 기관이나 신경 체계에 관한 관심보다는 그 후 벌어지는 인식이나 정신, 관념에 관심을 기울인다. 반면에 변증법적 유물론에서는 물질의 개념을 별개의 것으로 보기보다는 물질과 정신의 관계를 파악하는 데 주력한다. 따라서 사회적 존재나 사회적 관계의 파악, 구체적으로는 경제적 관계의 파악에 치중한다. 변증법적 유물론도 우리의 감각이 객관적 실재로서의 물질을 파악한다는 것에는 동의한다.

마르크스는 사물을 변화·발전하는 것으로 이해했으며, 어떠한 사물이나 개념도 고정된 불변의 것은 없다는 사고를 유지했다. 이

책, 청림출판, 17쪽.

는 석가모니가 어떤 것도 고정되고 불변하는 것은 없다는 사고와 일치한다. 다만 정신과 물질의 관계에서 마르크스는 인간의 의식이 그들의 존재를 규정하는 것이 아니라, 그들의 사회적 존재가 그들의 의식을 규정한다고 했다. 유물론에서는 물질과 조건, 환경을 우선시하지만, 관념론이나 불교에서는 그 출발을 정신으로부터 시작하면서, 그 정신세계에 관심을 기울였다.

마르크스는 구식 유물론과 단절하고 새로운 유물론을 찾아내고자 했다. 그에게 새로운 유물론이란 지금까지의 사람들이 적당하게 살아가는 수동적 존재가 아니라 능동적 주체로서의 새로운 존재를 찾아가는 것이다. 인간은 능동적으로 자신의 물질적·정신적 환경을 바꿀 수 있는 존재이다. 인간은 역사나 물질 또는 정신의 노리개가 아니라 자신의 역사를 스스로 바꿀 수 있는 능동적 주체이다. 이는 불교에서 말하는 인간은 자기 자신의 의지로 어떤 어려움도 극복해 나갈 수 있다는 대자유인大自由人이라는 의미와 맥을 같이한다. 또한, 일체유심조에서 이야기하는 마음먹기 나름이라는 말과도 일치한다. 대신에 마르크스는 정신이나 사유 그 자체에 관심을 두기보다는 사회적 조건과 경제적 관계를 바꾸는 데 치중했다.

마르크스에게 인간은 사유하는 능동적이고 실천적인 존재이다. 그는 수동적이고 고립된, 즉 육체가 제거된 고립된 인간을 거부했다. 그는 주체를 실천의 형식으로 재사유하듯이, 대상 세계 또한 인간 실천의 결과로 재사유해야 한다고 했다. 그에게 있어서 인간의 육체는 물질 덩어리이지만, 독특하게 창조적이고 표현적인 덩어리이기 때문에 사유와 사고를 할 수 있는 창조적 덩어리이기도 하다. 인간은 이를 다른 사람들과의 소통과 사회적 협동을 통하여 물질적

생산을 함으로써 자기 자신을 드러낼 수 있다.[62]

변증법적 유물론에서는 객관적 실재인 물질의 개념과 주관적 실재인 정신과의 관계를 파악하는 데 주력한다. 마르크스는 물질과 정신의 관계에서 사회적 존재가 의식을 규정하는 것이지 사유가 사회적 존재를 규정하는 것은 아니라고 했다. 사유가 현실에서 독립된 것이라는 편견 자체가 사회적 현실에서 형성된 것이다. 정신과 사회적 존재는 긴밀히 연결되어 있다. 의식은 우리 자신을 둘러싸고 있는 물질적 환경 사이의 상호작용의 결과이다.

관념론에서는 생각이나 사유를 맥락에서 떼어 놓고 시작한다. 마르크스는 인간의 인식 과정을 능동적인 현실 참여의 형식으로 본다. 집착과 욕망, 희망, 공포, 편견과 망상, 공감과 반감 등의 인간의 정서적 반응은 인간이 감각 기관을 통해서 대상 세계에 접촉한 결과이다. 관념론에서는 인간의 사유 자체를 중시하는 반면, 마르크스는 이 사유가 실현되는 현실 세계와 사회적 관계에 더 관심을 기울였다. 구체적 유물론적 사고는 변증법적 유물론과 사적 유물론을 통해서 전개됐다.

유물론은 정신으로부터 독립하여 독자적으로 존재하는 물질적 세계와 구체적 실재를 탐구하는 것이다. 하지만 물질만을 탐구한다면 산과 강과 식물과 동물 등의 구체적 실재에 정체성을 부여하는 것에 치중하는 자연과학과 무엇이 다르냐는 질문에 봉착하게 된다. 또한, 이 실재란 것이 구체적으로 무엇이냐는 의문에 부닥친다. 그것은 원자인가 소립자인가, 화합물인가 살아 있는 물질인가,

---

62) 테리 이글턴 지음(2011), 황정아 옮김(2012), 『왜 마르크스가 옳았는가』, 도서출판 길, 126~127쪽.

세포인가? 유물론에서는 이런 영역은 물리학, 화학, 생물학, 지리학, 우주학 등의 순수과학에 남겨 놓아야 한다고 하면서, 대신에 우리는 물이나 대상과 관련된 인간관계를 연구하거나 탐구해야 한다고 했다.

유물론과 관념론은 대립하는 두 세계관의 명칭이지만, 유물론을 물질주의나 물욕주의라고 생각하거나, 관념론을 이상주의나 정신주의처럼 단순하게 생각하는 것은 잘못이다. 두 세계관의 구별도 다른 산물과 마찬가지로 상대적이어서 고정된 절대적인 경계선은 없다. 즉 유물론은 관념론으로, 관념론은 유물론으로 상호 이행한다.[63] 그런 의미에서 물질이 유일(먼저)이라는 유물론적 사고방식과 관념이 유일(먼저)이라는 관념론적 사고방식은 대립적인 것이 아니라 상대적이며 상호보완적인 것으로 보아야 한다.

인간의 사유 방식과 철학적 논쟁에서도 생각과 사유, 관념이 먼저라는 생각, 그것이 이데아나 절대정신, 신의 개념으로 표출되든지 하면서 관념론으로 발전해 왔다. 물질이 먼저라는 생각, 인간과 생물, 우주는 진화해 왔다는 진화론, 그리고 물질과 존재의 우위를 강조하는 유물론은 사적 유물론과 변증법적 유물론을 통해 인간의 역사에 적용된다.

마르크스는 변증법적 유물론을 사회와 인간의 역사에 적용하여, 사적 유물론을 심화시켰다. 그는 특히 인간의 실천적 행위인 노동을 인간의 역사에서 중심에 놓았다. 마르크스는 1840년에 『경제학·철학 수고』, 『신성가족』, 『독일 이데올로기』와 같은 저작 속에서 사

---

63) 황세연 지음(2011), 『변증법이란 무엇인가?』, 중원문화, 51쪽.

적 유물론의 기초를 닦았고, 『철학의 빈곤』과 『공산당 선언』에서 사적 유물론의 명제를 심화시켰으며, 『자본론』에서는 변증법적 방법을 활용하여 사적 유물론을 완성했다.

　마르크스는 생전에 『자본론』 1권만을 출간하였으나, 마르크스 사후 엥겔스가 나머지 자본론의 초고를 정리하여 『자본론』 2권과 3권의 출간을 마무리한다. 『자본론』에서, 마르크스는 상품의 등장과 그에 따른 가치와 사용 가치의 모순을 분석하고, 이윤과 잉여가치의 발생, 자본의 기능과 역할, 자본주의의 발생 및 발생 단계를 기술하며 사적 유물론을 완성했다.

4.
석가모니와 마르크스의
존재와 인식

존재의 구성,
대상과 의식의 관계

인간이라는 존재가 사고하고 논리를 전개하는 데 있어서, 가장 먼저 부딪치는 문제는 존재와 실재란 무엇이고, 사유란 무엇인가에 관한 것이다. 우리 인간은 실제와 사유가 어떻게 연관되어 있는가에 관해 끊임없이 관심을 기울여 왔다. 석가모니는 인간 존재의 인식과 사유에 대해 끊임없이 고민했다. 이에 대한 당시의 사상가들과 브라만들의 답변은 심리적·물리적 자아와는 구분되는 영원불변의 정신적 자아가 존재한다는 것이 지배적이었다. 이는 브라만과 아트만이라는 절대 불변의 그 무엇으로 표현되었다.

이에 비해 석가모니는 절대 불변의 것은 존재하지 않는다는 것을 무상과 무아를 통해 설명하였다. 석가모니는 오온五蘊으로 존재의 실체를 설명한다. 석가모니는 인간 존재의 실체를 육체와 정신의 분리라는 이분법적 방식으로 설명하지 않았다. 석가모니는 물리적 자아성에서 독립된 심리적 자아성을 인정하지 않았던 것과 마찬가지로, 의식 생활에서 독립된 물리적 자아성을 인정하지 않았다.[64]

인간의 자아가 어떻게 형성되는지는 석가모니의 물질과 정신의 관계를 살펴보면 알 수 있다. 석가모니는 인간의 자아는 오온五蘊과 육계六界를 통해 구현된다고 하였다. 오온은 색色, 수受, 상想, 행行, 식識이다. 오온 중에서 물질 세계나 물질적인 형태 또는 육체나 신체를 가리키는 색이 제일 먼저 나오는데, 이는 물질적인 것에 대한 접촉을 통하여, 수·상·행·식이 따른다는 것을 명확히 한 것이다. 즉, 어떤 물리적인 대상이 있어야 수·상·행·식이 시작된다는 것이다. 석가모니는 색에 대하여 다음과 같이 설명했다.

"어떻게 색에 대해 사실 그대로 아는가? 존재하는 색은 모두가 4대이거나 4대로 만들어진 색으로서 이것을 색이라 하나니, 이렇게 나는 색에 대해 사실 그대로 아느니라. 어떻게 색의 발생에 대해 사실 그대로 아는가? 색을 기뻐하고 사랑하는 것, 이것을 색의 발생이라 하나니, 이렇게 나는 색의 발생에 대해 사실 그대로 아느니라."[65]

석가모니는 색이 4대로 이루어진 것이라 했다. 4대는 지地, 수水, 화火, 풍風의 물질을 구성하는 4가지 요소를 말한다. 육계六界 중에서 공과 식을 뺀 4계四界이다. 육계는 당시의 외도들이 주장하던 존재의 구성 요소이다. 인간이란 존재(와 주체 또는 자아)는 물질적

---

64) D.J. 칼루파하나 지음(1992), 김종욱 옮김(1996), 『불교 철학사』, 시공사, 130쪽.
65) 김월운 옮김(2015), 『잡아함경 1』, 동국역경원, 58쪽.

요소로 구성된 육체가 공간 속에서 접속 또는 접촉을 시작한다. 대상에 대한 접속을 통하여 인식이 시작된다.

석가모니는 육체와 정신의 구분을 이분법적으로 하지 않았다. 석가모니는 색이 지, 수, 화, 풍 4대의 물리적 요소로 구성되어 있음을 언급한 후에, 색의 발생에 대해 언급한다. 즉 인간이란 존재는 지, 수, 화, 풍의 물질적 요소와 함께 공과 식이라는 정신적 요소로 구성되어 있다는 것을 밝혔다. 다음 색에 대한 기쁨과 사랑, 색에 대한 맛들임, 색의 재앙, 그리고 색의 무상이 따라옴을 언급했다.

이미 말한 대로 오온五蘊은 색色, 수受, 상相, 행行, 식識을 말한다. 석가모니는 제일 먼저 색을 언급했다. 색은 형태로부터 만들어진 것으로, ① 색깔, 채색, ② 색과 형, ③ 물건의 형태, ④ 물질, 물질 일반, 물질적 존재를 의미한다. 형질을 갖고 생성 변화하는 물질적 현상이나 물체, 이 세상을 구성하는 물체를 뜻한다. 색온色蘊과 같은 의미이다.[66] 석가모니는 색에 대해 제일 먼저 언급함으로써 물질 일반과 그 형태에서 수·상·행·식이 이루어진다고 했다. 색이라는 물질적 형태 또는 물질 일반에 접촉한 후에 수·상·행·식이 이루어진다는 것이다. 따라서 색·수·상·행·식의 과정이나 요소는 이를 분리해서 생각할 수 없다.

그렇다면 이 다섯 갈래의 일체 제법 중에서 왜 색이 제일 먼저 언급되었을까? 불교에서는 색, 수, 상, 행, 식의 순서를 놓고서 의식과 대상에 대한 관계로 이어진다. 권오민은 『아비달마 불교』에서 색법을 가장 먼저 열거하는 이유를 다음과 같이 설명한다.

---

66) 길상 편저(2017), 『불교대사전』, 홍법원, 1276쪽.

"앞서 '법'을 설명하면서 '인식을 가능하게 하는 것'이라고 하였는데, 인식의 주체인 의식은 반드시 감각 기관과 대상에 수반되어서만 나타나기 때문이다. 말하자면 대승에서처럼 대상이 의식에 의해 규정되는 것이 아니라, 의식이 대상에 의해 규징되기 때문으로, 이 같은 객관 우선주의는 아비달마 불교의 현저한 특징 중의 하나라고 할 수 있다."[67]

따라서 초기 불교에서는 대상과 의식에 대한 관계에서 대상이 의식에 대해 우선하는 것으로 보았다.

후대의 대승 불교, 특히 유식론에서는 의식이 우선시된다. 목경찬은 『유식불교의 이해』에서, "심법·심소법·색법·불상응행법·무위법의 일체법이 모두 식을 떠나지 않는다.", "일체법은 식을 떠나지 않으니, 통틀어 '식'이라고 이름을 붙인다. 따라서 '유식'의 식에는 식을 떠나지 않는 법이 모두 포함된다."고 했다.[68] 이처럼 대상과 의식의 관계에서 초기 불교에서는 대상을 중시했던 반면, 후기의 대승불교나 유식론에서는 의식을 중시한다. 이런 점에서 대승불교에서는 관념적인 부분이 좀 더 강조된다.

수受는 색에 접촉한 후 이를 인간이 받아들이는 감각과 느낌이다. 살아 있는 사람이라면 누구나 느낄 수 있는 감정과 느낌이다. 상想은 색채와 길이와 생멸과 고락 등에 관해 마음속에 생각되어 떠오르는 작용을 가리킨다. 대상의 모습을 마음에 잡는 표상 작용이

---

67) 권오민 지음(2003), 『아비달마불교』, 민족사, 57쪽.
68) 목경찬 지음(2012), 『유식불교의 이해』, 불광출판사, 46쪽.

다. 취상取象의 의미라고 해석된다. 대상의 모습을 잡는 것이다.[69] 행行은 무언가를 하려는 의지, 의도, 의향, 성향을 드러내는 것이다. 무언가를 하고자 하는 욕구나 바람이 행을 통해 이루어진다. 식識은 인식 작용 혹은 식별 작용을 말한다. 식별하는 작용이나 인식하는 마음을 일컫는다.

개괄해서 말하자면, 오온은 물질성, 감각, 표상, 의지적 형성력, 인식 작용의 5가지라 할 수 있다.[70] 석가모니는 사물과 마음 등 모든 것이 부단히 움직이는 것에 주목하여 무상을 생각해 냈다. 석가모니의 행은 자연과 사물 등 법계의 원리를 깨닫지 못하는 무명에서 시작한다. 무상이라는 원리를 깨닫지 못하고 행을 함으로써 인간의 고통이 시작된다. 그래서 석가모니는 색을 바르게 이해하는 것이 중요하다 했다.

마르크스는 대상과 의식과의 관계를 자연과의 '질료 교환'이라는 말로 시작한다. 마르크스는 '인간의 무기체적 신체로서의 자연'을 언급하며, 인간과 자연과의 관계를 질료 교환으로 설명한다. 인간 이외의 자연적 요소가 다른 자연적 요소에 영향을 미치는 것과 마찬가지로 인간도 자연에 대해서도 영향을 미치며 작용한다고 생각하였다.[71] 인간의 이러한 질료 교환은 사회적 공동체 속에서 타인들과 더불어 이루어진다. 마르크스는 이러한 인간과 자연과의 관계를 이중적인 것으로 파악하고 있다. 마르크스는 이를 생산관계와 생산력의 관계로 구분하여 설명하고 있다. 생산관계는 '인간과 동료

---

69) 길상 편저(2017), 『불교대사전』, 홍법원, 1246쪽.
70) 앞의 책, 1817쪽.
71) R. Gruntman(1991), *Marxim and Ecology*, 박만준·박준건(1994) 옮김, 『마르크스주의와 생태학』, 동녘, 133쪽.

들과의 관계'에 해당하고, 생산력은 '인간의 자연에 대한 관계'에 해당한다.[72] 따라서 마르크스는 자연을 의식으로부터 독립한 객관적 존재로 파악하기도 하지만(물리적 자연), 노동을 통한 실천적 성과로서의 자연, 또는 인간화된 자연으로 파악하기도 했다.

마르크스는 대상과 의식과의 관계에서 대상이 우선이라고 했다. 마르크스와 엥겔스는 『독일 이데올로기』에서 '하늘에서 땅으로 내려오는' 독일 철학과 달리 우리는 '땅에서 하늘로 올라간다' 했다.[73] 마르크스는 인간이 역사를 만들어가는 데 있어서, 경제적 행위가 다른 어떤 요인들보다도 더 중요하다고 했다. 그는 사유나 정신 그 자체보다는 사유하는 인간의 실천적 삶에 관심을 더 두었다. 따라서 그는 사회적 존재나 경제적 관계에 더 관심을 기울였다. 마르크스는 『경제학 비판을 위하여』에서 이를 분명히 했다.

"즉 인간은 그들 생활의 사회적 생산에서 그들의 물적 생산 제력의 일정한 발전수준에 조응하는 일정한, 필연적인, 그들의 의사와는 무관한 제관계, 생산관계를 맺는다. 이 생산 제관계가 사회의 경제적 구조와 현실적 토대를 이루며, 이 위에 법적이고 정치적인 상부구조가 세워지고 일정한 사회적 의식 형태들이 그 토대에 조응한다. 물적 생활의 생산 양식이 사회적·정치적·정신적 생활 과정 전체를 조건 짓는다. 인간의 의식이 그들의 존재를 규정하는 것이 아니라, 반대로 그들의 사회적 존재가 그들의 의식을 규정하

---

72) 앞의 책, 134쪽.
73) 카를 마르크스·프리드리히 엥겔스 지음(2015), 김대웅 옮김(2015), 『독일 이데올로기』, 두레, 61쪽.

는 것이다."[74]

　"사회적 존재가 그들의 의식을 규정한다."는 이 문장은 마르크스
의 유물론적 성격을 분명히 드러내지만, 그 후로 물질과 정신의 관
계 그리고 토대·상부구조에 관한 열띤 논쟁을 불러일으켰다. 이는
대상과 의식의 관계에서 대상을 더 우선시한 것으로 보아야 한다.
하지만 대상과 의식의 관계에서도 어느 것이 우선이냐 또는 어느
것이 결정적이냐 하는 것보다는 대상과 의식의 관계가 이를 분리할
수 없는 상호 관계적이라는 생각을 가지는 것이 중요하다.

물질적 신체와 정신적 실체,
몸과 마음의 행

　자신의 존재를 지속하려는 것은 모든 생명체의 본성이다. 생명의
존재에 이유는 없다. 존재가 생존하기 위해서는 부단히 움직여야
한다. 생명이 없는 존재 또한 움직이고 움직여야만 한다. 모든 물체
는 끊임없이 움직인다. 의자라는 물건도 움직이고, 의자 안의 분자
도 움직인다. 분자 안의 원자도 움직인다. 모든 것은 끊임없이 움
직인다. 인간도 끊임없이 움직인다. 몸도 움직이고 마음도 움직인
다. 인간은 육체적 행위와 정신적 행위를 동시에 하는 존재이다. 행
이란 존재가 존재를 지속시키기 위해 무엇인가를 시도하는 것을 일

---

74) 카를 마르크스 저, 김호균 역(1988), 『정치경제학 비판을 위하여』, 중원문화,
　　7쪽.

컫는다. 행은 정신적 행위와 육체적 행위로 구분할 수 있으나, 이는 추상적 수준에서의 구분일 뿐, 실제적인 구분을 하기는 어렵다. 인간이 무엇인가를 행하려면 의식적 행과 육체적 행이 동시에 이루어져야 한다. 우리가 음식을 먹으려 할 때, 마음을 먹는 것만으로 음식을 섭취했다고 하지는 않는다. 음식이 입안에 들어가 소화가 될 때, 우리는 음식을 먹었다고 할 수 있다.

우리의 행은 육체적 행위와 정신적 행위가 동시에 이루어진다. 숨쉬기라는 행위는 우리의 의지와 관계없이 이루어진다. 숨쉬는 행위 또한 인간의 정신적 의지와 육체적 행위가 결합해 있다. 생명의 지속은 움직임과 밀접한 관련이 있다. 영원한 멈춤, 즉 움직임 없음은 죽음이다. 숨쉬기를 멈춘다는 것은 죽음을 의미한다. 명상에서도 숨을 잘 쉬는 것이 중요하다. 움직임은 생명을 유지해 준다. 움직임과 행을 통해 인간은 존재를 확인한다. 인간은 움직임과 운동을 통해 사물·공간의 강제적 힘의 발휘라는 질성質性을 경험하고 있다. 우리는 사물을 그릇에 담고, 그 그릇에서 다시 꺼내기 때문에 비움과 포함(채움)에 대해 배운다. 이동의 선형 경로 대 비선형 경로를 경험하기 때문에 궤도를 이해한다. 사물을 한 장소에서 다른 장소로 옮기는 데 무엇이 요구되는지를 느끼는 것은 물리적 인과성에 대한 기본적 이해의 핵심이다.[75] 여기서는 주로 신체적 운동의 의미를 언급하고 있으나, 인간이라는 존재는 몸의 움직임과 운동을 통해 비움과 채움의 원리도 이해할 수 있다. 마음 다스리기는 마음(운동)의 행이지만 또 하나의 비움(운동)이다.

---

75) 마크 존슨(2007), 김동환·최영호 옮김(2012),『몸의 의미』, 동문선, 55~56쪽.

석가모니의 '몸'은 마음이 자리하고 있는 곳이다. 석가모니는 인간이 생존하기 위해서는 무엇인가를 먹고, 입어야만 한다는 것을 분명히 알고 있었다. 다만 그는 인간의 생존 유지는 최소한에 그쳐야 한다고 설파했다. 인간이 생존을 유지하기 위해서 가장 필요한 것은 음식물이다. 동물을 포함한 모든 인간은 몸에 음식이 들어가야만 육체적·신체적·정신적 행위를 할 수 있다. 그래서 그는 음식의 비유를 들어 인간 존재가 생존하기 위한 필수 요소를 설명했다.

"그때 세존께서 모든 비구들에게 말씀하셨다. 중생들에게 도움이 되고 이익이 되어, 그들로 하여금 세상에 머물며, 거두어 받아들이고, 자랄 수 있게 하는 네 가지 음식(四食)이 있다. 어떤 것이 네 가지인가? 첫째는 거칠고 덩어리인 음식(麤搏食)이며, 둘째는 섬세한 감촉이라는 음식(細觸食)이며, 셋째는 의지와 의도라는 음식(意思食)이요, 넷째는 식이라는 음식(識食)을 말하는 것이다. 이 네 가지 음식은 무엇이 인因이고, 무엇이 발생시키는 것이며, 무엇이 생기게 하는 것이고, 무엇이 접촉하는 것인가? 이른바 이 모든 음식은 애욕이 인因이 되고, 애욕이 발생시키는 것이 되며, 애욕이 생기게 하는 것이고, 애욕이 접촉하는 것이니라."[76]

석가모니는 인간이 세상에 머물며, 인간을 거두어 받아들이고 자랄 수 있게 하는 필수 요소를 네 가지 음식의 비유를 들어 설명하고 있다. 하지만 이 문장을 꼼꼼히 살펴보면, 인간의 생존에 필요한 요

---

76) 김월운 옮김(2015),『잡아함경 1』, 동국역경원, 199쪽.

소를 다만 음식으로 비유하여 설명하고 있음을 알아차릴 수 있다. 석가모니는 옷이나 집 등의 다른 물질적 요소들보다도 음식이 생존을 위한 가장 필수 요소임을 인식했다. 석가모니는 인간의 실존을 위해 필요한 네 가지의 요소가 있는데, 그중 첫째가 먹는 음식물이고, 나머지는 감각적 접촉, 심리적 성향, 의식이라 했다. 이는 인간도 음식을 섭취해야 움직이고 살 수 있다는 점을 분명히 한 것이다. 인간도 음식이라는 물질적 요소를 취해, 신체적 존재를 유지한 후에야 감각적 접촉, 심리적 성향, 그리고 의식(생각)을 할 수 있다는 점을 강조했다. 금강산도 식후경이라는 말이 여기서도 적용된다. 무엇인가를 먹어야만 생각도 하고, 행위도 하며 노동도 할 것 아닌가? 다만 석가모니는 물질적 섭취와 소유는 최소화하고 마음 다스리기에 더 치중하라 했다. 그리하여 석가모니는 승단의 구성원들에게 생존을 위한 최소한의 탁발만을 요구했다.

석가모니는 행을 육체적 행인지 정신적 행인지 구분하지 않았다. 그는 물질적 요소인 색에 대해서 언급한 후, 이를 무상하다고 관찰하라고 하며, 이렇게 관찰하는 것이 바른 관찰이라 했다.

『잡아함경』 1권 「무상경無常經」에서는 색을 언급한 후, 이를 무상하다고 하라 했다. 그리고 수·상·행·식도 무상하다고 관찰하라고 계속 강조한다. 석가모니에게 중요한 것은 일단 먼저 색을 무상하게 관찰한 후에, 수·상·행·식을 무상하다고 관찰하는 것이다. 색은 모양과 형태를 갖춘 것을 말한다. 색은 이 세상을 이루고 있는 물질 일반이나 물질의 형태를 일컫기도 하고, 인간의 육신을 일컫기도 한다. 석가모니는 우선, 물질적 형태인 색에 대해서, 즉 세상과 자연의 원리를 무상하다고 관찰하라 했다, 다음 이러한 세상의 원리 또는 법(계)에 대해서 바른 관찰을 한 후에, 수·상·행·식의 감각적·인지적·육체적·정신적 행위에 들어가라는 것이다.

석가모니의 행이 주로 정신적 행위에 초점이 맞춰져 있다면, 마르크스의 행은 경제적 행위에 초점이 맞추어져 있다. 마르크스는 인간이 동물과 구분되는 중요한 점의 하나로 도구의 사용을 통한 생산 행위를 꼽고 있다. 마르크스에게 생산 수단을 활용한 인간의 경제적 행위는 인간의 역사를 이루게 하는 동력이다.

> "인간은 의식에 의해서, 종교에 의해서, 그리고 의욕하는 것에 의해서 동물과 구별될 수 있다. 인간은 자신의 생활 수단을 생산하기 시작하면서부터 자신을 동물과 구별하기 시작한다. 그리고 생활 수단의 생산은 인간의 신체적 조직에 의해 조건지어지는 하나의 조치이다. 그러므로 인간은 간접적으로 자신의 물질적 생활 자체를 생산해 낸다."[77]

인간은 일과 노동을 통해 육체적 행위와 정신적 행위를 결합한다. 그렇다고 해서 인간의 정신적 행위와 육체적 행위를 구분할 수는 없다. 마르크스는 인간의 의식적이고 계획적인 행위를 동물의 행위와 구분하고 있다. 최근에는 동물의 행위도 의식적인 부분이 있다는 것이 확인되고 있지만, 인간의 뛰어난 정신적인 행위는 동물의 행위와는 분명히 구분된다. 인간은 머릿속에 자기가 그리고 있는 의식적 행위를 육체적인 행위와 결합하는 능력이 탁월하다.

---

77) 카를 마르크스·프리드리히 엥겔스 지음(2015), 김대웅 옮김(2015), 『독일 이데올로기』, 두레, 53쪽.

그런 면에서 인간의 관념적·정신적 행위와 육체적인 행위를 구분하는 것은 무의미하다. 석가모니는 인간이 행을 함에 있어서, 육체적 행위보다는 정신적 행위가 더 중요하다고 한다. 이에 비해 마르크스는 인간의 행위에서 정신적 행위보다는 생산 행위와 노동 행위를 더 중시했다. 그러나 이러한 인간의 육체적 행위도 이미 그의 머릿속에서 그려진 정신적 행위와 결합해서 나오는 것이다.

"거미는 직조공들이 하는 일과 비슷한 일을 하며, 꿀벌의 벌집은 많은 인간 건축가들을 부끄럽게 한다. 그러나 가장 서투른 건축가라도 가장 훌륭한 꿀벌보다 뛰어난 점은, 그는 집을 짓기 전에 이미 자기의 머릿속에서 그것을 짓고 있다는 것이다. 노동 과정의 끝에 가서는 그 시초에 벌써 노동자의 머릿속에 존재하고 있던, 즉 관념론적으로 이미 존재하고 있던 결과가 나오는 것이다. 노동자는 자연물의 형태를 변화시킬 뿐만 아니라 자연물에다가 자기가 의식하고 있는 목적을 실현하는 것이다."[78]

인간의 생산 행위가 단순한 행위가 아닌 것은 분명하다. 인간은 움직이고 노동하며 생존을 유지한다. 인간에게 노동은 단순한 행위 이상의 것이다. 노동은 경제적인 것 이상의 훨씬 많은 것들에 관여한다. 노동은 경제적인 행위뿐 아니라 정신적·의식적·예술적·종교적 행위에도 관여한다. 노동은 인간을 자연과 연결해 준다. 자연과 인간의 영역은 서로 얽혀 있다. 인간은 자연 속에서 생활하지만,

78) K. Marx(1976), *Capital*, 金秀行 譯(1989), 『資本論 Ⅰ[上]』, 比峰出版社, 228쪽.

조직과 사회를 형성하며 살아가는 사회적 존재이다. 이 말은 자연의 영역과 사회 영역이 분리된 것이 아니고 서로 얽혀 있다는 말이다. 인간은 생물학적으로 독립된 자연적 개체지만 또한 인간은 사회적 동물이기도 하다.

마르크스의 '몸'은 노동하는 몸이다. 마르크스는 인간의 제일 조건은 살아 있는 개인들의 실존이라 했다. 그중에서도 가장 중요한 것은 개인들의 신체적 조건이며, 이 신체적 조건에 따라 자연과의 관계도 이루어진다고 했다.

"모든 인간 역사의 제1의 전제는 물론 살아 있는 개인들의 실존이다. 그러므로 가장 먼저 확인되어야 할 사실은 이러한 개인들의 신체적 조건이며, (다음은) 이 신체적 조직에 따라 맺어진 나머지 자연과의 관계이다. 물론 우리는 여기서 인간의 신체적 소질 자체 또는 인간이 직면하고 있는 자연조건들, 예컨대 지질학적·지리적·기상학적 그리고 그 밖의 상태들까지 신경을 쓸 수는 없다. 모든 역사 기술은 이러한 자연적 기초로부터, 또 역사의 진행 속에서 인간의 행동을 통해 이러한 기초가 변경된다는 사실로부터 출발해야 한다."[79)]

마르크스는 우리가 행위를 하고 노동하는 이유는 생존을 위해서라 했다. 그런 의미에서 인간의 몸은 노동하는 몸이지만, 이런 행위나 노동이 육체적 행위에만 국한된 것은 아니다. 마르크스의 노동

---

79) 카를 마르크스·프리드리히 엥겔스 지음(2015), 김대웅 옮김(2015), 『독일 이데올로기』, 두레, 53쪽.

은 육체적 활동과 정신적 활동 모두를 포함한다. 일반적으로 사람들에게 마르크스의 노동이 주로 육체적 노동만을 언급하는 것으로 잘못 알려져 있다. 마르크스의 유물론적 세계관이 물질만을 다루는 것이 아니듯, 마르크스의 행위나 노동도 물질만을 다루는 것은 아니다. 마르크스에게는 육체적 삶과 정신적 삶이 구분되지 않는다. 형이상학자들이나 관념론적 철학자들은 물질과 정신(의식)을 이분법적으로 구분하는 경향이 있다. 마르크스에게 육체와 정신의 분리는 의미가 없다.

마르크스는 인간의 감각 능력을 능동적인 현실 참여의 형식으로 본다. 감각은 물질세계와의 상호작용의 결과이다. 우리 인간은 자연과의 접촉과 상호작용을 통해 감각 기관을 발달시켜 왔다. 인지하고 생각한 것을 행동으로 옮기는 것, 그것이 정신적 행위나 활동 또는 육체적 행위나 활동이든 간에, 이를 행위나 노동이라 한다. 행에는 여러 가지의 정신적 행위와 신체적 행위 그리고 언어적 행위가 포함된다.

인간의 노동은 자연에 작용하여 다양한 물질적·정신적 산물을 만들어 낸다. 이런 산물은 인간의 육체와 정신이 합작하여 만들어 낸 산물이다. 이런 의미에서 마르크스는 육체적 활동과 정신적 활동을 특별히 구분하지 않았다. 마르크스에게 몸이란 육체와 의식이 결합하여 활동하는 복합체이다. 마르크스는 인간의 몸을 단순한 물질성을 지닌 몸이 아니라 물질적·정신적 행위를 함께하는 몸으로 보았다. 인간의 몸은 단순히 행위만을 하는 몸이 아니라 실천적인 행위를 하는 몸이다.

마르크스의 실천 행위는 음식의 섭취에서 시작된다. 그는 인간이 노동하든 행위를 하든 간에 제일 먼저 필요한 것은 음식이라 했다. 음식은 인간의 신체적 신진대사를 촉진해 준다. 인간 행위의 시작은 자연과의 접촉을 통해 이루어지는 음식의 섭취에서 비롯된다.

"식욕은 자연스러운 욕구이다. 그래서 그것을 충족시켜 이를 가라앉히기 위해서는 자신의 외부에 있는 자연이나 대상이 필요하다. 식욕이란, 나의 육체가 그 신진대사와 본질의 표현을 위해 불가결한 자신의 외부에서 대상물을 구하는 영속적인 욕구인 것이다."[80]

인간은 자연과의 관계 속에서 육체적·정신적 활동을 통해서 사회적 동물이 되어 간다. 인간은 인간 자신의 생존과 번식을 위하여 자연을 자기 자신에게 유리하게 변형시키며 사회적 관계를 공고히 해나간다. 인간은 육체적·정신적 행위의 담지자가 되며, 육체적·정신적 노동을 통하여 사회적 생산을 이루어 간다. 실천하는 몸은 주체와 (자연과 사회를 포함한) 객체를 연결하면서, 주체와 객체의 구분을 해체한다. 실천한다는 것은 인간이 다른 동물들과는 달리 많은 사고를 하면서 육체적·정신적 행위의 담지자라는 것을 의미한다.

인간의 몸은 자연의 영역에도 속하지만, 생산하는 사회적(역사적) 몸이기도 하다. 마르크스는 인간이 다른 몸인 생명을 생산하는 과정(출산)과 노동 속에서 자신의 생활을 생산하는 것은 하나의 이중적 관계로서, 이 관계는 한편으론 자연적 관계로, 다른 한편으론 사

---

80) 칼 마르크스 지음(2016), 김문수 옮김(2016), 『경제학·철학 초고/자본론/공산당 선언/철학의 빈곤』, 동서문화사, 120쪽.

회적 관계로 나타난다고 했다.[81] 마르크스에게 인간의 몸은 자연의 영역에도 속하고 사회(역사)의 영역에도 속한다. 인간은 자연을 개조하고 활용하여 물질적 생산을 이루기 때문에 인간의 몸은 성性적 생산과 물질적 생산을 하는 이중적인 몸이다.

세계의 접속과 접촉,
체화體化

우리 인간은 감각 기관을 통하여 세계와 접속한다. 인간을 포함한 모든 생물은 환경 세계와의 접속을 감각에서 시작한다. 감각이란 신경세포를 활성화하거나 자극하여 신경 처리를 가능하게 하는 에너지다. 에너지란 물리적인 일을 할 수 있는 능력을 말한다. 감각의 종류에는 시각, 청각, 미각, 후각, 촉각의 오감과 평형 감각과 내장 감각이 있다.

일반적으로 사람들은 흔히 감각을 이야기하면 오감만을 알고 있으나, 우리의 몸엔 오감 외에 우리 몸의 균형을 잡아 주는 기능을 하는 평형 감각과 심혈관계와 소화기관에 존재하는 내장 감각도 있다. 평형 감각은 지구의 중력이 있어 가능하다. 내장 감각은 흔히 자율신경이라 하는데, 예를 들어, 우리가 음식을 먹으면 그때부터는 우리의 식도, 위, 소장, 대장 등의 내장 기관이 이를 알아서 자동으로 처리해 준다. 소화기관에는 외부에서 들어오는 음식에 대한

---

81) 카를 마르크스·프리드리히 엥겔스(2015), 김대웅 옮김(2015), 『독일 이데올로기』, 두레, 60쪽.

감각 작용이 있기 때문이다.[82)]

빛의 파동, 소리의 진동, 냄새, 피부의 접촉, 근육 활동과 중력의 당김 등이 감각을 발생시키는 에너지들이다. 이 에너지 자극이 신경세포들을 흥분시켜서 이를 뇌에 전달되고, 뇌 안에서 처리되는 과정에서 지각이 발생한다. 예를 들어 인간이나 동물이 어떤 사물을 본다고 할 때, 외부 에너지의 자극을 신경세포가 뇌에 전달하고, 뇌가 그 자극에 대한 표상을 경험하는 것이다. 지각이란 그 사물의 표상(representation)에 대한 뇌의 경험이라 할 수 있다. 따라서 뇌에 표상된 지각은 그 사물과 관련된 어떤 것이지 그 사물 자체는 아니다. 다시 말하면 지각은 인간의 뇌에서 창조된 것이다.[83)]

인간의 지각 활동이 육체적인지 정신적인지는 중요하지 않다. 인간은 자연과의 접속을 통해 지각 활동을 시작한다. 석가모니는 인간의 자연과의 접속을 12입처十二入處로 설명했다. 12입처를 흔히 6근六根과 6경六境으로 동일시하여 설명하고 있으나, 입처의 의미는 단순 감각 기관이나 지각 활동만을 의미하지는 않는다. 석가모니가 6내입처六內入處와 6외입처六外入處를 언급한 까닭은, 이들 입처가 '내가 아니다'라는 무아를 강조하기 위한 것이었다.

"아닙니다. 존자 난타여, 왜냐하면 존자 난타여, 저희들은 이미 일찍이 이 법에 대해서 사실 그대로 알고 보았기 때문입니다. 즉 6내입처六內入處에 대해서 '나라고 할 것이 없다'고 관찰하였고, 이 '6내입처에는 나(我)라고 하는 것이 없다'고 이렇게 이해하였습니

---

82) 최현석 지음(2009), 『인간의 모든 감각』, 서해문집, 24~25쪽.
83) 앞의 책, 14쪽.

다."

"아닙니다. 존자 난타여, 왜냐하면 존자 난타여, 저희들은 이미 6
외입처에 대해서 '나라고 할 것이 없다'고 사실 그대로 관찰하였습
니다. 저희들은 언제나 '6외입처에는 사실 그대로 나라고 하는 것
이 없다'고 이해하고 있습니다."[84]

이는 비구니들이 난타 존자에게 한 말이다. 이와 같이 6내입처
는 안眼, 이耳, 비鼻, 설舌, 신身, 의意를 말하고, 6외입처는 색色, 성
聲, 향香, 미味, 촉觸, 법法을 말한다. 입처入處, 처處, 입入 등으로 한
역된 '아야타나āyatana'는 지각 활동을 의미하는 '인드리야indriya'를
한역한 '근根'이나 지각 대상을 의미하는 '비사야visaya'를 한역한 '경
境'과는 같은 개념이 아니다. '입처入處'는 범어인 '아야타나āyatana'
의 한역이다. 우파니샤드에서는 호흡할 때는 브라만이 호흡에 머물
고, 볼 때는 눈에 머물고, 들을 때는 귀에 머물고, 생각할 때는 마음
에 머물기 때문에 숨, 눈, 귀, 마음을 '아야타나āyatana'라고 불렀다.
이같이 우파니샤드에서의 '아야타나āyatana'는 우리가 살아가면서 지
각하고 인식할 때, 그 활동의 주체로서의 궁극적 실체인 브라만, 즉
우리의 참된 자아가 머무르는 장소를 의미했다.[85]

석가모니가 입처라는 말을 사용한 것은 단순한 감각 기관이나 지
각 대상을 지칭하는 것이 아닌, 그것들이 머문다는 것을 말하기 위
함이었다. 따라서 석가모니의 입처의 개념은 자연과 세상에 대하여

---

84) 김월운 옮김(2015), 『잡아함경 2』, 동국역경원, 12쪽.
85) 이중표 지음(2018), 『붓다의 철학: 중도, 그 핵심과 사상체계』, 불광출판사,
200~201쪽.

접속하고 접촉한다는 의미를 함축하고 있다. 접촉이라는 의미는 피부 접촉처럼 제한된 의미가 아니라, 주체인 내가 자연과 세상에 접속하고 있다는 의미로 받아들여야 한다. 석가모니는 촉이라는 의미를 훨씬 더 포괄적으로 확장된 의미로 사용했기 때문에, 그는 세계에 관한 모든 철학적 이론들이 '접촉에 의존'하고 있다고 했다.[86]

마르크스는 자연과의 접속을 통해 이루어지는 인간의 노동 행위를 분석의 출발점으로 삼았다. 그의 관심은 어떻게 인간이라는 유적 존재가 자연을 활용하여 노동하고 생산하느냐였다. 마르크스는 개인의 접촉이나 관계보다는 역사 속에서 인간이 어떻게 사회적 관계를 이루는지에 더 관심을 기울였고, 이를 사적 유물론으로 진전시켰다.

인간은 자연과의 접속을 통해 무엇인가를 만들어 내며 사회적 관계를 맺는다. 인간은 자연에 산재하는 토지나 흙, 돌, 나무, 물 등의 물질적 자원을 활용하여 사회적 생산을 한다. 또한 인간은 물질적 자원에 더해 인간이 지닌 비물질적 자원인 의식과 사고, 창의력, 미적 감각, 도덕, 윤리 감각을 활용하여 정치나 경제, 법률, 예술이나 문학 등의 의식적이고 미적이며 추상적·정신적인 산물을 만들어 낸다. 인간은 자연과 관계하면서 몸을 활용하여 육체노동과 지식노동을 한다. 마르크스는 인간의 정신적 행위와 육체적 행위 모두를 노동으로 지칭하면서 사회적 생산에 관한 논리를 전개했다.

마르크스는 인간이 자연과 접속(관계)하는 것을 제1 자연과 제2 자연으로 구분해서 설명한다. 인간은 자연적인 존재이지만 또한 사

---

86) D.J. 칼루파하나 지음(1992), 김종욱 옮김(1996), 『불교 철학사』, 시공사, 70쪽.

회적 존재이다. 마르크스는 자연을 '무기적인 신체'에 비유하면서, "자연은 노동자의 노동이 현실화하고 활동하는 질료다. 노동은 그 질료로부터, 그리고 그 질료를 매개로 하여 생산한다. 자연은 노동자의 생활 수단을 제공한다. 이것은 노동이 그 대상들 없이는 생존할 수 없다는 것을 의미한다."[87]라고 하였다. 그에게 자연은 '무기적 신체'이고 인간의 몸은 '유기적 신체'이다. 인간은 인간의 몸을 활용하여 육체적·정신적 활동을 한다.

마르크스는 인간이 자연과의 질료 교환을 통해 사회적 관계에 들어가기에 인간을 사회적 존재라 하였다. 마르크스에게 인간의 손이 타지 않은 자연은 제1 자연, 두뇌 사용과 언어 사용, 도구 사용 등 인간의 손을 탄 자연은 제2의 자연이다. 제2 자연은 인간이 스스로 만들어 낸 문화·역사·사회를 포함하는 개념이다. 인간이 이른바 제2 자연을 만들어 나가는 실천적 과정은 인간이 손을 쓰기 시작하고, 도구를 사용하고, 언어를 사용하면서, 자연에 점차 다가가는 과정이다. 인간은 태어나면서부터 자연 속에서 자연과 함께하면서 자연이 인간과 떨어져 있는 독립적인 존재가 아니라 인간과 함께하는 '인간화된' 자연이 되는 것이다. 인간은 육체적인 힘과 정신적 힘이 결합한 노동을 활용하여 '인간화된 자연'과 '인간화된 사회'를 만들어 나간다. 그리하여 인간은 물질적 산물들뿐만 아니라, 정신적·예술적 산물도 만들어 낸다.

인간은 자연과 접속(관계)하며 사회적 생활과 공동체 생활을 하며 사회적 존재가 되어 간다. 언어 사용은 인간이 인간의 육체적 기관

---

87) 칼 마르크스 지음, 김태경 옮김(1987), 『경제학·철학 수고』, 이론과 실천, 57쪽.

을 통해 이루어지는 물질적 삶의 일부이지만 이 또한 의식과 밀접히 관련돼 있다.

> "이념·표상·의식의 생산은 우선 인간의 물질적 교류 및 현실적 생활의 언어와 직접 연관되어 있다. 인간의 표상·사유·정신적 교류는 아직 그의 물질적인 행동의 직접적인 발현으로서 나타난다."[88]

마르크스에 의하면, 인간은 자연과의 접속을 통해 의식적·신체적 행위를 한다. 언어 행위는 몸과 마음의 복합적 활동이다. 인간은 노동을 통해서 인간만의 역사를 만들어 간다.

마크 존슨은 인간의 몸과 마음은 서로를 분리할 수 없는 것이라 하며, 이 작용은 상호작용의 결과라 했다.

> "우리의 '몸'과 '마음'은 우리가 누구이고, 또 우리가 무엇인지에 대한 중심지인 초생적初生的이고 지속적인 유기체–환경의 상호작용의 차원이다. 결과적으로 이성의 중심지 역할을 하는 마음의 실체는 없다. 이성은 구체적 사물도 아니고 추상적 사물도 아니며, 오로지 신체화된 과정일 뿐이다. 우리의 경험은 신체화된 과정에 의해 연구에서 탐구되고 비판되고 변형된다."[89]

---

88) 카를 마르크스·프리드리히 엥겔스 지음(2015), 김대웅 옮김(2015), 『독일 이데올로기』, 두레, 60~61쪽.
89) 마크 존슨 지음(2007), 김동환·최영호 옮김(2012), 『몸의 의미』, 동문선, 46쪽.

그는 이성은 신체화된 과정에서 나오는 것이기 때문에 몸과 마음을 분리해서는 안 된다고 했다. 조지 레이코프와 마크 존슨은『몸의 철학』에서, 인간의 마음은 인간의 개념 체계들이 몸과 환경의 공통성을 이용하는 방식으로 신체화身體化(embodied)됐다고 했다. 인간은 그저 환경 세계와 접속하는 것이 아니라 신경 체계로 이루어져 있는 감각 기관이 뇌에 기억되어 있는 것을 인식하면서 접속을 한다. 체화에는 뇌를 통한 인식에서 모든 행위가 시작된다는 것과 우리의 몸과 인식이 분리되지 않았다는 의미가 함께 담겨 있다.

"마음은 그저 신체화되어 있는 것이 아니라, 우리의 개념 체계들이 몸의 공통성과 우리가 사는 환경의 공통성들을 주로 이용하는 방식으로 신체화되어 있다."[90]

그들은 인간의 몸, 두뇌, 그리고 환경과의 상호작용이 우리의 일상적인 형이상학, 즉 실재하는 것에 대한 우리의 감각에 무의식적인 기초를 제공한다고 했다.[91] 인간의 감각과 인식 기관은 환경과의 상호작용을 통하여 형이상학과 실재하는 것에 대하여 반응한다. 인간의 개념 체계들이 '몸의 공통성'과 '환경의 공통성'을 이용하여 인식 또는 인지를 하여 각종의 형이상학과 실재하는 것에 대응하는 것이다. 생물들은 자기 몸에 담겨 있는 두뇌와 신경 체계 그리고 환경과의 상호작용을 통해서 자연 세계와 실재하는 것에 대하여 인식

---

90) 조지 레이코프·마크 존슨 지음(1999), 임지홍·윤희수·노양진·나익주 옮김 (2002),『몸의 철학』, 도서출판 박이정, 29쪽.
91) 앞의 책, 47쪽.

을 한다.

몸이 체화한다는 것은 감각 기관이 인식한 것을 행위로 옮긴다는 의미이다. 몸의 체화는 인간이 감각 기관을 통하여 인식한 것을 물질적·정신적 행위로 바꾸는 것이다. 인간은 더 큰 뇌와 더 발달한 인지 체계를 활용하여 고도의 추상적인 세계와 형이상학 등의 지적 체계를 구축해 왔다.

몸과 마음의 관계는, 몸(뇌)이 기억한 것을 신체나 육체가 이를 행하고 있다는 체화의 의미로 이해해야 한다. 소통 또한 물질과 정신을 매개하고 세계와 접속한다는 매개라는 관점에서 보아야 한다. 석가모니는 색에 접촉한 후에 수·상·행·식을 통해 세계와 소통하고 있다고 보았다. 수·상·행·식의 과정이 석가모니에게는 소통이고 이는 언어를 통해 이루어진다. 마르크스는 인간이라는 유적 존재가 자연과 접촉하는 것이 소통의 시작이고, 이는 언어를 통해 이루어진다고 했다.

체화의 의미와 소통, 언어

소통은 존재가 존재를 드러내고 인식하는 것인데, 우리의 몸이 인식한 것을 드러내고, 표현하고, 말하는 것이 소통이다. 소통은 존재(주체)가 우주와 세계 그리고 자연(객체)과 접속하는 것이다. 이 접속은 그것이 육체적이든 정신적이든 간에, 어떤 행위를 통해 이루어진다. 행위와 노동은 몸과 인식(생각)을 체화시킨다. 인식하고, 체화한다는 것은 존재가 세상(우주와 자연)과 소통한다는 것을 의미한다. 체화한다는 것은 곧 뇌가 기억하고 인지한 것을 인간의 몸이 이를 읽어낸다는 의미이다.

존재가 존재를 드러내기 위해서는 소통을 해야 하고 소통을 위해서는 소통 수단이 필요하다. 소통을 위해서는 말을 하든지, 각종의 짓을 하든지 또는 표정을 짓든지 간에 몸이 필요하다. 몸은 소통의 시작이자 출발점이며, 또한 소통의 수단이자 매개체이다. 인간은 자기를 드러내면서 세상과 자연에 접속하게 되는데, 이 자연과의 접속이 소통의 시작이다.

언어는 세상과 접속하고 소통하는 매개체이다. 언어는 존재와 존재 그리고 존재와 세상을 연결해 주고 접속하는 것을 도와준다. 언어는 세상과 접속하는 하나의 매개체이자, 소통 수단의 하나이다. 존재는 몸을 통하여, 그것이 육체적 행위와 노동이든 정신적 행위와 노동이든 간에 행위와 노동을 하게 된다. 행위와 노동은 몸과 인식(생각)을 체화해 준다.

소통과 (지적·육체적) 행위는 생산과 소비를 매개하고 물화시켜 준다. 인간의 소통은 신경 체계를 지닌 인간의 뇌가 기억한 것을 인식하는 것으로부터 출발한다. 인간은 인식한 것을 소통 행위나 작업 또는 노동 행위로 연결한다. 소통은 인식, 행위, 작업과 활동 또는 작업에 관여한다. 몸이 인식한 것을 자연 세계와 환경에 접속하는 것이 소통이다. 이 세계와의 접속을 위해 필요한 것이 언어와 상징 체계 등 소통 수단이다. 언어는 세상과 접속하는 하나의 매개체이자 소통 수단의 하나이다. 체화라는 것은 봄과 인식 체계를 따로 떼어서 생각하는 것이 아니라 하나로 묶어서 바라보는 것이다.

움베르또 마뚜라나(H. Maturana)와 프란시스코 바렐라(F. Varela)는 인간이 세상(자연)에서 자기를 드러내는 방식은 언어를 통해서 이루어진다고 했다. 그들은 인지 과정에서 세계의 산출을 찾으려 했고, 이는 언어로부터 출발해야 한다고 했다.

"인지 과정에 늘 행위가 함께 있다는 사실, 이런 의미에서 세계의 산출을, 우리의 문제이자 출발점으로 삼아 인식 현상의 뿌리를 파헤치고자 한다."[92]

그들은 존재와 행위 그리고 인지 능력의 뿌리를 찾으려 했고, 이는 언어를 통해서 이루어진다고 했다. 그들은 인식 자체가 하나의 효과적인 행위이기 때문에 인지 현상과 인지 행위를 자신의 존재 영역(환경)에서 찾으려 했다. 그리하여 그들은 인간 존재의 인지 능력과 행위 능력, 그리고 이를 연결해 주는 생물학적 뿌리를 찾아내려 했고, 이는 언어를 통해서 이루어진다고 했다. 이들이 발견한 것은 세계의 산출은 언어를 통해서 이루어진다는 것이다. 인간이라는 존재는 언어를 통해서 세상(자연)과 접속한다.

"언어는 하나의 존재 형식이며 더불어 살아가는 방식이자 방법입니다."[93]

---

92) H. Maturana. and Francisco Varela(1984), *Der Baum der Erkenntnis*, 최호 영 옮김(2007), 『앎의 나무, 인간 인지능력의 생물학적 뿌리』, 갈무리, 35~36쪽.
93) 움베르또 마뚜라나 지음(2004), 서창현 옮김(2005), 『있음에서 함으로』, 갈무리, 45쪽.

마뚜라나에 의하면, 우리 인간들은 말하기에 의해, 즉 언어 행위를 통해 존재를 드러낸다. 언어는 인간이 존재를 드러내는 하나의 존재 형식이자 삶을 살아가는 방식이다. 이는 인간의 감각 기관을 통해 이루어지고 인지 과정을 통해 이루어진다. 석가모니가 오온을 나열하며, 인간이 세상과 접촉해 나간다고 하는 것과 마르크스가 인간이 자연과 관계하며, 인간의 역사를 만들어 간다고 한 것과 비슷한 맥락으로 이해할 수 있지만, 이러한 세상(자연)과의 접속은 언어로 표출되어야만 한다.

석가모니가 쿠시나가라의 사라나무 숲에서 열반에 드신 후, 직접 석가모니에게 설법을 들었던 성문聲聞 제자들에게는 스승이 남긴 심오한 뜻을 어떻게 세간의 언어로 전달하느냐가 중요해졌다. 석가모니가 설했던 연기와 무아, 공의 원리는 너무나도 심오해서 이를 세속의 언어로 전달하기가 쉽지 않았다. 따라서 어떻게 세속의 언어로 대중들에게 깨달음의 진리를 알 수 있도록 해주느냐가 관건이 됐다. 상황에 맞고 그 사람에게 맞는 언어를 사용하는 것이 중요해졌다. 석가모니 자신도 보리수나무 밑에서 득도한 후, 자신이 깨달은 법과 진리를 어떻게 알릴 것인지에 대해 번민을 했다.

"내가 성취한 이 교리는 세상 사람들이 이를 받아들이고 따르기에 아주 난해하다. 현자들도 미묘한 이 진리는 이해하기가 쉽지 않을 것이다. 세상 사람들은 신과 영혼이 뒤얽혀 있는 관념의 굴레로부터 자신을 해방하기 어렵다. 제의와 의례의 신앙, 까르마karma(업)의 신앙을 포기하는 것 역시 매우 어렵다. 영혼의 불멸성을 믿는 그들에게 영혼은 독자적인 실체로 존재하지 않는 것이며, 사후에 영혼이 생존하는 것도 아니라는 나의 교의를 수용하도록 만드는 일이 얼마나 힘겨운 것일까. 이기심에 가득 찬 인간의 속성은 개인적인 이익을 얻었을 때나 기쁨과 쾌락을 느낀다. 그런 인간들을 이기심을 버리고 정도正道를 따르게 하는 것은 지극히 어려운 일이다."[94]

석가모니는 깊은 사유와 번민 끝에 고통의 원인이 무엇인지를 찾아냈고, 이는 무명에 따른 연기에서 비롯된다는 것도 알아냈다. 그리고 이 진리의 길은 어렵고 힘들지만, 필연적으로 이는 세속적 언어로 표현되어야만 한다. 언어로 표현되지 못하는 개념이나 의미는 그 실체를 드러낼 수가 없다. 어떻게 깨달음을 말로 표현할 수 있을까? 석가모니는 사람마다 그 사람이 지닌 사회적 조건과 개인적 차이에 따라서 그때마다 가르침의 내용을 달리하는 속세의 언어를 활용하였다. 예를 들어, 병이 있는 환자마다 각각 처방을 달리하듯이, 각각의 사람의 근기에 맞는 방편을 사용하여 그 뜻을 전달하고자 했다.

이기심에 가득 찬 사람들은 일상의 하루를 살아가면서 그때그때의 기쁨과 희열만을 좇는다. 그런 그들에게 세상의 법이 돌아가는 연기와 공의 원리를 이해시키는 것은 정말 어렵다. 세상을 지배하는 것은 언어와 사유 체계, 그리고 논리 체계이다. 우리 인간은 언어로써 모든 것을 표현하고 추상화한다.

사람들이 상을 짓고, 자기의 견해를 지니며, 아집에 빠져드는 이유는 우리 인간이 이미 그렇게 관습적으로 학습되어 왔기 때문이

---

94) 이학종 지음(2021), 『붓다 연대기: 완전한 분, 붓다의 위대한 삶과 가르침』, 불광출판사, 256쪽.

다. 우리가 상을 가지게 되는 주된 이유는 언어를 사용하면서 가지게 되는 습관 때문이다. 우리 인간은 언어를 통해서 각자의 생각과 사유 체계를 공유한다. 언어는 물질세계와 정신세계를 연결해 주는 연결 고리인 것이다. 우리는 두 세계에 발을 걸치고 서 있다. 우리는 눈으로 보고, 귀로 듣고, 코로 냄새를 맡고, 혀로 맛을 보고, 몸으로 호흡하면서 생활한다. 그리고 늘 생각하고 사유한다. 우리는 이런 느낌과 경험들을 언어로 표현하고 전달할 수밖에 없다.

그런데 분명한 사실은 석가모니가 깨달은 진리의 원리는 세속의 언어로 전달하기가 쉽지 않다는 것이다. 불교의 교리가 너무 다양하게 전개되고 복잡하여 이해하기 어렵고 때로는 그 원리들이 서로 모순되는 것처럼 보이기도 한다. 그래서 대중들에게 반야, 열반, 해탈의 길을 설명하기 위해서는 여러 가지 방편이 필요하다.

방편方便이란 '그 상황과 사람에 알맞은 교화의 수단'으로 진실을 뒷받침하고 진실의 길로 이끄는 세속의 언어이다. 방편의 '방方'은 모나 각, 바른 것을 일컫고, '편便'은 수단이나 기회를 뜻한다. 일반 대중들에게 세속의 언어와 수단으로 법과 진리를 말하기란 쉽지 않다. 일반 사람들이 고정불변의 본성인 실체나 자성이 없다는 무상과 무아의 실체를 제대로 깨닫지 못하는 이유는 이 원리가 사회에서 통용되는 세속적 언어로 표현돼야 하기 때문이다. 석가모니의 진리는 진짜 진리인 진제眞諦이지만, 일반인들에게는 세속적인 언어인 속제俗諦로 설명되어야 한다. 속제에 의하지 않고는 언어와 통상적 사유를 초월한 진제를 중생에게 설명하기 어렵다.

용수는 석가모니의 진리를 부정의 변증법과 귀류법歸謬法[95])을 통

---

95) 귀류법歸謬法(proof by contradiction)은 증명하려는 명제의 결론이 부정이

해 드러내려 했다. 용수에 따르면, 우리는 사물을 높고 낮은 두 가지 관점에서 본다. 이 두 가지 관점에 따라 진제와 속제가 성립된다. 진제란 사물을 있는 그대로 반야(지혜)의 눈으로 보는 세계로서, 모든 개념이나 언어가 발붙일 수 없는 공, 즉 만물의 실상을 가리킨다. 속제란 세상 사람들의 상식적인 눈으로 보는 세계로서, 일상적 언어와 분별지에 의해 진리가 가려진 상태를 말한다. 그러나 모든 언어의 사용과 철학적 사유는 속제의 차원에서 이루어진다.

용수는 속제를 통하지 않고는 진제를 말할 수도 깨달을 수도 없다고 했다. 용수는 참 진리인 진제眞諦와 세간의 진리인 속제俗諦를 분리해서 설명했다. 용수는 『중론』의 제1품에서, 먼저, '연에 대한 고찰'을 한 후, 제24품 「관사제품觀四諦品」에서는 사성제四聖諦와 공의 관계를 관찰했다. 그는 진제와 속제를 구분해서 설명했다.

"부처님께서 (행하신) 법에 대한 가르침(敎法)은 이제에 근거를 두고 있다. 세간의 진리(=俗諦)와 수승한 의미의 진리(=眞諦)이다. 어떤 이들이 그 두 (가지) 진리의 구별에 대해서 이해하지 못한다(면) 그들은 바로 부처님께서 가르쳐 주신 것(佛法)(의) 심오한 (진리) 그 자체를 이해하지 못한다. 바로 그 (세간의) 언어에 의지하지 않고서는 진제眞諦는 가르쳐질 수 없다. 바로 그 진제眞諦를 알지 못하고서는 열반은 얻어지지 않는다."[96]

라는 것을 가정했을 때 모순되는 가정이 나온다는 것을 보여 원래의 명제가 참인 것을 증명하는 방법이다. 유클리드가 일찍이 2000년 전에 소수의 무한함을 증명하기 위해 사용했을 정도로 오래된 증명법인 귀류법은 간접증명법으로, 배리법背理法 또는 반증법反證法이라고도 한다.
96) 용수 지음(2018), 신상환 옮김(2018), 『중론』, 도서출판b, 273~276쪽.

석가모니의 궁극의 목표는 언어를 초월하는 공의 원리를 나타내기 위한 것이었기에 이를 세속의 언어로 표현하는 게 쉽지 않다. 따라서 일반 대중들에게는 진제를 깨닫기 전까지는 속제라는 방편이 필요하다. 진제와 속세의 구분은 연기와 공의 원리를 바르게 이해하기 위한 세속적 의도가 담긴 일종의 방편이라 할 수 있다.

우리 평범한 인간은 내게 집착하고, 성을 잘 내는 집착의 덩어리이다. 수시로 변덕을 부리며, 오온이라는 감각적인 본능에 따라 살아간다. 세속적인 삶에 집착하며, 속제의 차원에서 살아간다.

나를 알아챈다는 것은 나의 본질을 파악하여, 진리의 길인 진제의 세계에 조금이라도 가깝게 다가서고자 하는 수행의 일부라 할 수 있다.

마르크스와 엥겔스는 몸을 물리적 기호와 의미 작용의 출발점이라고 보았다. 의미를 구성하는 것은 인간의 몸이 나타내는 표시, 기호, 소리, 몸짓 등의 물질이다. 그들은 물질적 기호를 뜻하는 '의미적 물화'의 개념을 직접 사용하지 않았지만, 언어야말로 물질과 정신을 관통하는 영역이라고 보았다. 그들은 『독일 이데올로기』에서 언어의 성립이 인간의 물질적 사회생활, 그리고 인간의 노동 과정과 밀접히 결부되어 있다고 했다.

인간의 언어는 정신적 사유와 분리할 수 없는 불가분의 일체이다. 그들은 근원적이고 역사적인 관계의 네 가지 계기, 또는 네 가지 측면을 고찰한 뒤에야 비로소 인간이 '의식'을 갖고 있다는 사실을 깨닫는다고 했다. 역사의 네 가지 측면은 첫째, 인간의 생존을 위한 음식·주거·의복 등의 실존적 전제, 둘째, 충족된 욕구 행위와 충족 수단이 새로운 욕구를 낳는다는 것, 셋째, 인간이 종족을 번식시키기 위한 부부와 부모 관계인 가족을 구성하는 것, 넷째, 특정한 협업 양식이나 사회적 단계와 결합한 생산 양식 또는 산업적 단계이다.[97]

마르크스는 먼저 인간은 자신의 생존을 위한 실존적 조건을 충족해야 하지만, 이러한 인간의 욕구가 또 다른 새로운 욕구를 낳는다는 점을 분명히 했다. 다음, 인간은 자신의 삶을 특정한 방식으로 생산하는 사회적(역사적) 관계에 돌입한다. 마르크스와 엥겔스는 인간의 제일 전제는 살아 있는 개인들의 실존이라고 하면서, 이 개인들의 실존을 위한 전제 조건인 물질과 의식의 관계를 언급한다. 그리하여 '정신은 애초부터 물질에 사로잡혀 있다'라고 하면서, 물질의 우위를 강조한다.

"그러나 이것 역시 처음부터 '순수' 의식은 아니었다. '정신'은 애초부터 물질에 '사로잡혀' 있다는 저주스러운 운명을 짊어지고 있는데, 여기서 그 물질은 운동하는 공기층과 음성, 요컨대 언어라는 형태를 띠고 나타난다. 언어는 의식만큼 오래됐다. 언어는 실천적이며, 또한 다른 사람을 위해 존재하고 그에 따라 비로소 나 자신을 위해서도 존재하는 현실적인 의식이다. 언어는 의식과 마찬가지로 요구에서, 그리고 다른 인간과 교류하고자 하는 절박한 필요에서 발생한다."[98]

---

97) 카를 마르크스·프리드리히 엥겔스 지음(2015), 김대웅 옮김(2015), 『독일 이데올로기』, 두레, 63~67쪽.
98) 앞의 책, 67쪽.

그들은 인간의 언어가 의식만큼이나 오래됐고, 의식만큼이나 중요하다는 것을 인식했다. 인간의 언어는 공기층과 음성이라는 물질에서 나온 것임을 강조했다. 언어가 공기의 파장이나 목과 혓바닥 등의 신체적 조건과 결합해서 나온 것임을 역설한다. 그러면서 언어가 의식과 연결되어 있다는 것을 밝힌다.

언어는 물질과 정신을 결합한 것으로, 의식만큼이나 오래된 것이라 했다. 그들은 인간의 언어가 물질과 정신을 연결해 주는 역할을 하지만, 언어도 공기의 파장, 목소리의 떨림 등에서 나온다는 것을 언급함으로써 물질과의 결합을 강조했다. 이로써 언어는 자연과 정신을 연결하는 매개체이지만, 또한 물질과 정신을 결합하기도 한다. 이런 측면에서 언어 또한 물질과 의식의 결합체라 할 수 있다. 물질과 의식을 분리할 수 없는 것처럼, 언어 또한 물질적 영역이냐 정신적 영역이냐를 분리할 수 없다.

엥겔스는 인간이 손을 사용하여 도구를 활용하고 언어를 사용하면서 인간 사회가 놀랍게 발전(진화)한다고 했다. 엥겔스는 인간이 자연과 관계하며 직립보행으로 인한 손과 도구의 사용, 그리고 언어를 사용하면서 놀랍도록 큰 사회적 진전을 이루게 됐다고 했다.

"수천 년 동안의 고투 끝에 손이 발로부터 마침내 분화되었을 때, 즉 직립보행을 확고히 하게 되었을 때, 인간은 원숭이류로부터 분리되었으며, 분절 음화된 언어와 그 이후로 인간과 동물 간의 틈을 넘어설 수 없는 것으로 만들었던 놀랄 만한 발전의 기초가 놓이게 된 것이다. 손의 특화—이것은 도구를 의미하며, 도구는 인간 특유의 활동, 자연에 대한 인간 개조적 반작용, 즉 생산을 의미한다."[99]

그는 인간이 직립보행을 하고 손을 활용하여 도구를 사용하고, 또한 언어를 사용함으로써 인간의 사회적 능력이 증대됨을 강조한다. 도구 사용과 언어 사용으로 인해 인간의 자연에 대한 통제력이 확보되고 생산 능력이 확대된다고 했다.

이처럼 마르크스와 엥겔스에게 노동 혹은 일반적으로 생산은 사회적·역사적 범주가 된다. 물질적 행위자로서 사람은 노동을 통해 자연과 세계와의 접촉을 늘리게 된다. 자연과의 접촉 내지는 생산 과정에서 소통과 언어 사용 능력은 아주 중요한 요소가 된다. 인간은 생산을 위해서 자연을 포함한 노동 대상에 대하여 도구나 기계, 장치, 토지, 건물, 교통이나 소통 수단 등의 노동 수단을 활용해 노동한다. 사회적 생산을 위해서 인간은 이를 예측, 기획, 관리하는 추상적 능력인 정치와 경제, 도덕, 법률이 필요하다.

언어는 인간의 추상적 능력을 구체화하고 상승시켜 준다. 생산 능력이 확대되자 인간은 생산 과정에서뿐만 아니라 그 후의 관리, 분배 과정에서도 좀 더 복잡한 생각과 추상 능력이 필요해졌다. 관리, 경영 등의 관리 체계가 등장하게 되었다. 처음에는 간단한 계산 능력이나 수리만이 필요하였지만, 점차 고도의 계산 능력이나 추상 능력이 포함된 수학·관리·경영·경제·정치·법률 체계가 등장하게 된다. 그리고 복잡한 관리와 경영, 경제, 정치를 쉽게 하기 위해 소통 수단이 더욱 발전하였다.

---

99) F. Engels(1962), *Dialektic der Natur*, 윤형식·한승완·이재영 공역(1990), 『자연변증법』, 중원문화, 28쪽.

생산이 증대되면서 소통의 필요성은 더욱 확대되고 소통 수단 또한 다양해지고 정교해진다. 좀 더 복잡한 도구와 의사소통 수단의 사용 등 사회화 과정을 거치며 인간은 자신의 역사와 문명을 만들어 나간다. 언어는 인간의 물질적 행위와 정신적 행위를 매개해 준다. 몸은 자연과 접속하는 감각 기관을 지니며 정신적 행위를 하고 육체적 행위를 하는 곳(處)이자, 언어가 발화하는 곳이다.

5.
석가모니와 마르크스의 신,
종교

신의 부정과
종교 비판

존재와 존재의 사유에 대한 의문은 인간이 오래도록 풀지 못한 과제였다. 우주나 세계의 기원과 그것의 시초에 관한 의문이 그 첫 번째였다. 이를 해결하기 위해 창조론이나 유물론이 등장했다. 세계의 기원과 관련하여 그 기원은 '알 수 있다'와 '알 수 없다'로 갈리게 된다. 이에 대한 견해가 불가지론, 전변설, 적취설로 표현되기도 한다. 인도 우파니샤드의 전통에서는 절대적 존재인 브라만과 절대적인 사유인 아트만이 하나라는 범아일여梵我一如 사상으로 나타난다.

석가모니와 마르크스 모두 절대적 신이나 초자연적 존재를 부정했다. 서양의 신과 우파니샤드의 브라만은 우주와 인간을 포함하여 모든 것을 설계하고 창조한 초인적·초자연적인 힘을 가지고 있는 궁극적 실재이다. 석가모니는 아트만이나 절대 신의 개념을 부정했다. 석가모니는 인간의 이성을 초월하는 초월적인 힘이나 절대적인 그 어떤 것도 부정했다. 공과 무상은 내적 본성, 즉 자성을 지니지 않는다.

불교의 가르침은 기독교, 이슬람교, 그리고 브라만교와 달리 영원불변한 신과 영혼의 존재를 받아들이지 않는다. 석가모니는 온갖 종류의 사변과 공상에 매달리는 사변적 철학자들과 초월적 존재들에게 의존하며 권위주의적이고 형식적이며 교조적인 제사와 봉헌에만 매달렸던 브라만들을 모두 배척했다.

석가모니는 인간의 지식과 지혜는 신의 은총이나 어떤 신비스러운 것에서 나오는 것이 아니라고 했다. 이는 플라톤의 이데아 개념이나 기독교나 이슬람의 절대정신과는 다르다. 브라만교에서는 일체의 현상계가 브라만이 전개, 변화하여 생긴 것이라고 본다. 브라만은 우주의 궁극적 실재이다. 이와 쌍을 이루는 개념이 아트만이다. 아트만은 인간 존재의 핵이자, 인격의 근본 원리라 할 수 있는데, 브라만교에서는 아트만과 브라만이 본질에서 같다고 본다. 브라만이 우주 작용의 근거가 되듯이, 아트만은 인간 작용의 근거가 된다. 브라만과 아트만은 세계와 자아의 근원이며, 이는 궁극적 실제와 궁극적 진리의 근본이 된다. 이는 곧 절대자와 같은 개념이다.

석가모니는 불가지론과 회의론도 부정했다. 불가지론은 세계의 인식 가능성을 부인하고, 인간은 의식으로부터 독립한 객관적 실재에 대해서는 알 수 없다는 논리이다. 그는 불가지론자도 회의주의자도 아니었다. 신을 부정한다는 점에서 불교는 유물론자들과 일치했다. 그러나 불교는 물질과 정신(의식)의 관계에서 마음과 정신의 우월성을 강조함으로써 유물론자들의 주장과도 일치할 수 없었다.

행의 중요성에서도 유물론자들은 육체적·신체적 행위를 중시했지만, 불교는 마음의 행을 더 강조하였다. 유물론과 관념론의 차이는 물질과 정신의 관계에서 어느 쪽이 일차적이고 근본적인가 하는 근원적 문제에 대한 태도에서 결정된다. 의식에 대한 물질의 우위를 주장하는 것이 유물론이며, 물질에 대한 의식의 우위를 주장하는 것이 관념론이다. 그런 점에서 석가모니는 관념론자도 아니고 유물론자도 아니었다. 그는 형이상학자도 아니었다. 그는 양극단을 피하는 실천적 중도의 태도를 보였다. 석가모니는 중도를 통해서 절대주의와 신비주의를 피하는 방식을 택한 실용주의적인 분석론자였다. 논리 체계에서도 형식논리학보다는 변증법적 태도를 견지했다. 석가모니는 변하지 않는 것은 없다고 하는 고정불변의 성질과 자성을 가진 개념을 부정했다. 이는 무상과 무아의 개념으로 발전했다.

마르크스는 신에 대한 부정적 시각을 고대 그리스의 자연철학에서 찾았다. 마르크스의 종교 비판 내지는 신의 부정은 그의 박사 논문인 「데모크리토스와 에피쿠로스의 자연철학에 관한 차이점」에서 비롯됐다. 그는 고대 그리스의 자연 철학자들의 인본주의에 주목했다.

"에피쿠로스는 위대한 그리스의 계몽자이다. 따라서 루크레티우스가 다음과 같이 칭찬한 것은 에피쿠로스에 합당하다. '땅 위에서의 고달픈 삶이 사람들을 억압하고 하늘 높이 고개를 내밀고 얼굴을 잔뜩 찌푸린 인간들을 도도히 위협할 때, 처음으로 한 그리스인이 감히 그의 죽을 운명을 가진 눈을 치켜뜨고 저 괴물에게

용감히 대항했다.'"[100]

에피쿠로스가 플라톤과 아리스토텔레스의 추상적 철학을 배격한 것과 마찬가지로 마르크스는 헤겔의 관념철학과 결별하며, 그의 유물론적 사유를 공고히 했다. 마르크스는 인간 세계의 땅 위에서 붕 떠 있는 형이상학적이고 관념론적인 사고에서 벗어나서 인간과 함께하는 인간 중심의 사유를 찾아내려 했다. 그에 의하면, 관념론은 "땅에서 하늘로 올라가는 것"이고, 유물론은 "하늘로부터 땅으로 내려온 것"이다. 이의 첫 단계가 유물론적인 관점을 수립하는 것이었고, 부수적으로 신에 대한 부정이 뒤따랐다. 그의 관심은 종교가 현 세상에서 존재하게 된 상황과 조건을 따져보는 데 있었다. 그는 당대 교회의 신앙이 현실의 문제와는 동떨어져 움직일 뿐 아니라 오히려 문제를 악화시킨다고 믿었다. 종교는 어디까지나 현 세계 안에서 구체성을 띠는 것이어야 한다고 생각한 마르크스는 오히려 종교 현상이 그 반대임을 알았다.[101]

마르크스는 종교가 인간을 구원하지 못하고 오히려 인간의 의식을 옥죈다고 생각했다. 종교, 특히 기독교의 구원은 인간 고통의 문제를 다른 세상의 문제로 넘겨버린다. 종교적 구원론은 현 세상의 문제를 신의 세계로 떠넘기는 것이다. 종교는 고통받고 있는 인간의 문제를 이 땅에서 해결하지 못하고 저세상으로 던져버리는 꼴이다. 그래서 마르크스는 "종교는 민중의 아편이다."라는 말을 하기에

100) 홍성현 지음(2015), 『마르크스주의자들의 종교 비판을 넘어서서』, 힌올, 22쪽.
101) 앞의 책, 26~27쪽.

이른다.

"종교적 비통은 동시에 진정한 비통의 표현이고, 진정한 비통에 항의하는 진정한 비통이다. 종교는 마치 그것이 정신없는 상황의 정신인 것과 마찬가지로 억압당하는 피조물의 탄식이요, 마음 없는 세상의 마음이다. 종교는 민중의 아편이다."[102]

마르크스가 보기에 종교는 인간에게 안식을 가져다주기는커녕, 오히려 비통을 안겨 준다. 종교는 인간의 의식을 마비시켜 고통을 잠시 잊게 할 뿐이다. 일시적인 마약 주사로 지금의 고통을 잊을 수 있고 기분이 최고조에 달하는 것처럼, 종교의 기능 역시 일시적인 것에 지나지 않는다. 마르크스의 종교 비판은 구체적으로 인간의 고통을 제거하는 데 목적이 있다. 마르크스는 당시의 종교가 고통당하는 이들에게 구체적인 해결책을 제시하기는커녕 오히려 아편 주사로서 일시적이고 환상적인 행복감만을 준다고 생각했다.[103]

마르크스는 인간이 신으로부터 해방되면, 더욱 인간적으로 될 수 있다고 했다. 신으로부터의 해방은 인간과 신의 관계를 인간 자신에게로 되돌리는 것이다. 정치적 해방은 한편으로 인간을 시민사회의 구성원으로, 이기적인 독립적 개인으로 환원하는 것이며, 다른 한편으로는 인간을 공민으로, 도덕적 인간으로 환원하는 것이다.

그는 『유대인 문제에 관하여』에서는 사적 소유의 폐지라든가 자

---

102) Karl Marx(2008), *CONTRIBUTION TO THE CRITIQUE OF HEGEL'S PHILOSOPHY OF RIGHT*, Karl Marx and Friedrich Engels, *On Religion*, NY: Dover Edition, p.42.
103) 홍성현 지음(2015), 위의 책, 36~37쪽.

본에 의한 인간의 착취가 절멸된 사회를 말하지는 않았다. 다만 그는 "유대인의 세속적 근거는 실천적 요구이자 사욕이요, 유대인의 세속적 제의란 악덕 상행위이고, 유대인의 세속적 신이란 곧 화폐"라고 말할 뿐이다.[104]

『경제학·철학 수고』에서는 종교·가족·국가 등의 소외를 비롯한 경제적 소외로 이어지는 현실적 삶의 소외를 언급한다. 마르크스는 이러한 삶의 소외를 극복하는 것이 고통에서 벗어나는 길이라 했다.

"사적 소유의 실증적 지양, 곧 인간적인 삶의 획득은 모든 소외의 지양이요, 인간이 종교·가족·국가 등등에서 벗어나 자신의 인간적 현존재, 곧 사회적 현존재로 복귀하는 일이다. 종교적 소외 자체는 인간의 내면 세계인 의식의 영역에서만 일어나지만, 경제적 소외는 현실적인 삶의 소외이다."[105]

마르크스의 신에 대한 거부, 종교에 대한 비판은 곧 화폐와 악덕 상행위, 사욕을 끊임없이 부추기는 자본주의 체제 자체의 거부로 이어지는 근거를 마련했다. 석가모니와 마르크스 모두 절대자의 개념을 부정하며, 인간 중심 사고의 기틀을 마련했다.

---

104) 카를 마르크스 지음(2021), 김현 옮김(2021), 『유대인 문제에 관하여』, 책세상, 103쪽.
105) 칼 마르크스 지음, 김태경 옮김(1987), 『경제학·철학 수고』, 이론과 실천, 83쪽.

인간 중심의 사고와
휴머니즘

석가모니는 영원불변의 상주론이나 허무주의적인 단멸론이라는 절대주의의 양극단을 모두 피하고, 중도적 견해를 밝혔다. 당시 인도의 지배적인 사상은 절대주의적인 브라만교의 영향에서 벗어날 수 없었다. 그는 처음부터 절대적 신의 논리를 거부하였고, 당시 인도의 절대적 사고였던 브라만 사상을 배척했다.

석가모니는 6년간의 고행과 그 후 일곱 번 자리를 옮겨 진행한 49일간의 정진 끝에 깨달음을 얻고 나서, 설법에 나설 것을 결심했다. 그는 선정 수행을 배울 때 두 스승이 당부했던 '무엇인가 새로운 것을 발견하면 돌아와서 자신을 가르쳐 달라'고 했던 말을 떠올리고 그들을 찾아 나섰다. 하지만 두 스승 중 한 분은 일주일 전에, 또 한 분은 하루 전에 세상을 떠났다. 다시 석가모니는 함께 고행 수행을 했던 다섯 명의 수행자를 떠올리고 그들을 찾아 나섰다. 석가모니는 그들이 사슴 동산에서 고행 수행을 하고 있음을 확인하고 그들을 찾아가기로 했다.

그들을 찾아서 바라나시로 가던 도중, 석가모니는 무더운 날 오후 나무 그늘에 앉아서 쉬고 있었다. 그때 금욕을 중시하는 나체 수행자 집단 소속의 우빠까라는 수행자가 다가와 석가모니에게 물었다.

"벗이여, 나는 우빠까라는 수행자입니다. 지나는 길에 보니, 당신의 감각 기관은 매우 밝아 보입니다. 피부 색깔도 순수하고 환합니다. 벗이여, 당신은 어느 분에게로 출가하였습니까? 당신의 스승은 누구이며 어떤 교의(담마)를 믿습니까?"

석가모니는 이렇게 답했다.

"나는 모든 것을 초월하였고, 모든 것을 아는 사람입니다. 나는 모든 것들 가운데 오직 순수하고, 모든 것을 버린 갈애의 소멸로 해탈하였습니다. 이 모든 것을 아는 나 자신이 누구를 스승으로 지목할 수 있습니까? 나는 스승이 없고, 나와 같은 사람은 지상에도 천상에도 존재하지 않습니다. 모든 신을 포함해서 나의 상대자가 될 사람은 없습니다."

이 말을 들은 우빠까는 석가모니에게 아무런 해명을 요구하지 않고, 다음의 말만 하고 그 자리를 떴다.

"벗이여, 당신이 자처하는 바에 따르면 당신이야말로 보편적인 승자이겠군요."[106]

여기서 주목해야 할 것은, 석가모니의 이 말이 마치 자신이 '절대자'보다 더 나은 사람으로 여겨질 수 있으나, 오히려 신이라는 절대적인 것은 존재하지 않는다는 것을 역설적으로 설파한 것이다.

신을 부정하는 이런 붓다의 말과 사유는 기존의 인도 전통 사상에 휘둘리지 않고 인간 중심의 사고를 마련하는 데 이바지했다. 석가모니의 이런 숭고하면서도 새롭고 창조적인 사고는, 곧 전통을 고수하는 절대주의자들의 반대에 직면했다.[107] 이와 관련하여, 석가모니는 여전히 절대주의가 기승을 부리고 있는 가운데, 절대주의자인 범지라는 브라만의 곤혹스러운 질문에 봉착하게 된다.

106) 이희중 지음(2021), 『붓다 연대기: 완전한 분, 붓다의 위대한 삶과 가르침』, 불광출판사, 266~268쪽.

107) D.J. 칼루파하나 지음(1992), 김종욱 옮김(1996), 『불교 철학사』, 시공사, 203~204쪽.

"당신은 하늘입니까?"

세존께서 답하셨다.

"나는 하늘이 아니다."

"건달바입니까?"

"나는 건달바도 아니다."

"용입니까?"

"나는 용도 아니다."

"야차입니까?"

"우리들의 선조입니까?"

"나는 그대의 선조도 아니다."

그러자 바라문이 세존께 여쭈었다.

"그러면 당신은 누구입니까?"

세존께서 말씀하셨다.

"애욕(愛)이 있으면 취함(受: 取)이 있고, 취함이 있으면 애욕이 있다. 인연이 모인 뒤에 서로가 서로를 일으키는 것이 이와 같아 이리하여 5성음盛陰의 괴로움은 끊어질 때가 있다. 그러므로 애욕을 알면 곧 다섯 가지 욕망(五慾)을 알게 되고, 또 바깥의 6진塵과 안의 6입入을 알게 되며, 곧 이 성음盛陰의 본말을 알게 되느니라."[108]

석가모니와 바라문 범지와의 대화는 석가모니의 인간 중심적 사고를 잘 드러낸다. 바라문은 그의 절대주의적 사고에 근거하여, 석

---

108) 김월운 옮김(2015), 『증일아함경 3』, 동국역경원, 214쪽.

가모니의 존재 자체에 관한 질문을 했다. 그러나 석가모니의 대답은 지극히 '인간적'인 것이었다. 석가모니의 대답은 불성佛性이라는 것이 인간이라는 존재를 넘어서는 어떤 초월적인 것이 아니라는 것이었다.

석가모니 이전의 인도에는 존재와 사유에 관해 진리를 추구하는데 있어서, 세 부류의 사상가들이 존재했다. 첫째는 전통주의자들의 견해다. 전통주의자에게 지식의 원천은 전적으로 경전의 전통과 그 전통에 기초한 것이었다. 그들은 신의 계시인 베다의 신성한 권위를 지지하는 브라만이다. 석가모니는 절대적 신에 의지하고 브라만과 아트만에 의존하는 이들의 전통적인 견해를 반박하였다. 둘째는 합리주의자의 견해다. 합리주의자들은 추론이나 논리를 기초로 정식화한 이론을 중시한다. 초기 우파니샤드의 형이상학자, 회의주의자 및 물질주의자 및 대부분의 아지바카[109] 학자들이 이 부류에 속한다. 세 번째는 경험주의자의 견해다. 경험주의자는 초감각적 지각을 포함하는 개인의 직접 지식과 경험에 의존했으며, 이 기초 위에 이론을 수립했다.

석가모니는 자신의 인식 방법이 이전의 사상가들이나 종교 지도자들과 크게 다르다고 생각하지 않았다. 다만 석가모니는 이들의 사상과 지식을 통해 그의 선배들과는 다른 결론에 도달했다. 예전의 베다와 초기 우파니샤드의 사상가들은 자아와 우주 자아가 하나이고, 유일신이 세계를 창조했다고 믿었다. 석가모니는 이러한 지식의 내용이 모든 궁극적 실제와 같다고 믿지 않았으며, 이러한 지

---

109) 석가모니와 함께 활동했던 육사외도六師外道 중의 하나인 아지바카교를 믿는 사람들을 일컫는다.

식을 가지면 구원된다고 생각하지도 않았다. 석가모니는 초감각적 지각을 통해 얻은 모든 지식은 목적 자체가 아니라 목적에 이르는 수단이라고 생각했다. 석가모니에 의하면 그러한 지식이 우리의 호오好惡에 의해 채색되었을 때, 우리는 온갖 형태의 독단적 믿음에 빠져 사물을 있는 그대로 보지 못하고, 무집無執을 통한 완전한 자유를 얻지 못하게 된다. 따라서 석가모니는 당시의 인식론을 비판한 후에 일상적인 감각 경험과 초감각적 지각 모두를 폭넓게 수용하는 경험주의의 한 형태를 받아들인 것으로 보인다.[110]

석가모니는 인간이 보고, 듣고, 냄새 맡는 등의 지각 행위를 일체라고 하며, 이를 12입처라 했다. 『잡아함경』 제13권 「일체경一切經」에서는 일체를 다음과 같이 설명한다.

이때 생문生聞 바라문이 부처님 계신 곳으로 찾아와 서로 문안 인사를 나누고 한쪽에 물러나 앉아서 부처님께 아뢰었다.
"구담이시여, 일체라는 것은 어떤 것을 일체라고 합니까?"
부처님께서 바라문에게 말씀하셨다.
"일체란 곧, 12입처入處를 일컫는 말이니, 눈과 빛깔, 귀와 소리, 코와 냄새, 혀와 맛, 몸과 감촉, 뜻과 법이 그것이다. 이것을 일체라고 하느니라."[111]

생문 바라문은 우파니샤드 철학자로서, 그는 당시 바라문들이 믿고 있는 절대주의적 사고에 기반한 질문을 했다. 그는 세상 모든 것

---

110) D.J. 칼루파하나(2019), 『불교철학』, 이학사, 31~59쪽.
111) 김월운 옮김(2015), 『잡아함경 2』, 동국역경원, 124쪽.

의 근원이 되고, 궁극적으로 모든 것의 귀착점이 되는 '일체', 즉 우파니샤드 철학에서 말하는 브라만과 같은 절대적 존재에 대해 어떻게 생각하는지를 질문했다. 이에 석가모니는 '일체'는 눈(형태), 귀(소리), 코(냄새), 혀(맛), 몸(유형의 대상), 마음(마음의 대상 혹은 개념)의 12입처로 구성된다고 답했다. 석가모니는 세상의 이치를 경험주의의 한 형태로 설명한 것이다.

석가모니의 존재에 대한 인식은 12입처를 기반으로 하여 연기적 사유와 무상과 무아의 원리로 이어진다. 석가모니는 철저하게 인간 중심적인 사고를 했다. 석가모니는 누군가가 생선을 먹었다고 해서 그가 비린내 나는 사람은 아니라고 했다. 태생이 브라만이나 크샤트리아로 태어났다고 해서, 그가 남보다 우월한 사람도 아니라 했다. 인간에 대한 평가는 태생을 배경으로 하는 것이 아니라, 그가 행한 행위로 판단해야 한다고 했다. 이런 점에서 석가모니는 인간의 깨달음이나 지혜는 그가 감각 기관을 통해서 경험한 것에 의해 이룩하는 것이지, 어떤 절대적인 것에 의존하지 않는다는 점을 분명히 했다.

마르크스의 유물론은 휴머니즘에 근거했다. 유물론은 어떤 초월적이거나 초험적인 것도 인정하지 않는다. 유물론은 신이 없다는 것을 의미한다. 유물론은 신을 하늘에서 땅으로 끌어내렸다. 이는 인간 자신이 구성 능력과 판단 능력을 지니고 있다는 것이고, 그 구성 능력은 생산 능력을 의미한다.

여기에서 생산 능력은 단지 경제적 생산만을 의미하는 것이 아닌, 인간에 의한 인간을 위한 생산을 의미한다. 따라서 마르크스의 무신론은 인간 중심의 휴머니즘이다.

마르크스는 신이라는 공간에 인간이라는 존재를 끼워 넣었다. 마르크스는 신이라는 허구적인 존재를 인간의 머릿속과 생활에서 지운 다음 이를 인간의 행위로 채웠다. 그런 점에서 그의 무신론은 곧 휴머니즘이 되었다. 마르크스의 종교 비판 내지는 신의 부정은 인간을 인간답게 만드는 데 있었다.

이런 출발점이 추상적이고 초자연적인 신의 부정이고 인본주의의 시작이었다. 마르크스에게 인간의 실질적 구원은 초역사적 정신에 의해 보장될 수 없고 인간의 현실적 이성에 의해서만 보장될 수 있는 것이었다. 마르크스는 당시의 종교가 정치와 밀접하게 결부되어 있다고 생각했기에, 종교 비판이 모든 비판의 전제가 됐다. 그가 보기에 인간이 종교를 만든 것이지, 종교가 인간을 만든 것은 아니었다. 그는『헤겔 법철학의 비판을 위하여』에서, 자신의 휴머니즘적 태도를 분명히 밝히고 있다.

"비종교적 비판의 기저는 이것이다. 인간이 종교를 만든 것이지 종교가 인간을 만드는 것은 아니다. 게다가 종교는, 자기 자신을 아직 획득하지 못했거나 혹은 이미 자기 자신을 상실해 버린 인간의 자기 의식이고 자기 감정이다. 그러나 인간, 그는 결코 세계 바깥에 웅크리고 있는 추상적인 존재가 아니다. 인간, 그는 인간의 세계이며 국가이며 세간世間이다. 이 국가, 이 세간은 전도된 세계이므로 종교, 즉 전도된 세계의식을 생산한다. … 종교는 인간적 본질이 아무런 진정한 현실성도 갖고 있지 못하기 때문에 그 인간적 본질의 환상적 현실화인 것이다. 따라서 종교에 대한 투쟁은 간접적으로 그 정신적 향료가 종교인 저 세계에 대한 투쟁이다."[112]

마르크스의 선구적인 종교 비판에도 불구하고, 여전히 인간은 정신적 존재이든 사회적 존재이든 각종의 주인과 신에게 대단한 경외감을 보이며 이들을 여전히 절대적인 것처럼 모시고 있다. 마르크스의 유물론은 체제의 '외부'란 없고, 우리만이 있다는 것이다. 우리 인간이 바로 체제라고 할 수 있다. 그런 의미에서 안토니오 네그리는 가톨릭 사제이든 마르크스주의적 사제이든 사제를 좋아하지 않는다고 했다. 근본적인 문제는 자유이며 자유가 바로 우리의 존재라고 했다. 진정한 자유는 공통적인 것, 인간이 구축하는 공통적인 것에 담겨 있다.[113]

마르크스의 인간 중심의 사고는 사적 유물론을 통해 확대된다. 인간은 생존을 위하여 생활에 필요한 물질적 재화를 생산하면서 경제적 활동을 하게 된다. 사적 유물론은 인간의 활동을 역사적 관점에서 바라보는 것이다. 사람들 사이의 관계, 좀 더 구체적으로는 경제적 활동과 노동 과정을 들여다본다. 사적 유물론은 인간의 역사적 발전 과정을 추적하는 것이다. 변증법적 방법이 인간과 사회에 구체적으로 적용될 때 사적 유물론이 된다. 사적 유물론에서는 자연과 인간 사이의 관계에서, 인간의 노동이라는 실천적이고 능동적 행위가 중시된다.

---

112) 칼 마르크스·프리드리히 엥겔스 지음, 김태호 번역(1991), 『헤겔 법철학의 비판을 위하여』, 『칼 맑스/프리드리히 엥겔스 저작 선집 1』, 박종철 출판사, 1~2쪽.
113) 제이슨 바커 엮음(2013), 은혜·정남영 옮김(2013), 『맑스 재장전, 자본주의와 코뮤니즘에 관한 대담』, 도서출판 난장, 66~68쪽.

자연과 인간과의 관계에서 인간은 노동으로 인하여 인간만의 역사를 만들어 나간다. 동물은 자연에서 받아들인 것을 직접 소비하지만, 인간은 자연에 대하여 노동을 가함으로써 자연을 가공하고 활용한다. 사적 유물론은 인간의 물질적인 행위, 즉 구체적인 노동 행위가 중요하다고 하며, 이러한 의미에서 삶이 의식을 규정하는 것이지, 의식이 삶을 규정하는 것은 아니라고 했다.

마르크스는 인간의 모든 활동이 감각 기관을 통해서 이루어진다고 했지만, 그는 인식 과정이나 마음의 활동 자체보다는 인식 과정 이후에 이루어지는 인간의 활동, 그것이 정신적 활동이든지 육체적 활동이든지 간에 경제적 활동과 노동 행위에 관심을 더 두었다. 인식 과정과 그 후에 벌어지는 행위에 대해서, 석가모니가 마음의 활동과 정신적 행위에 관심을 기울였다면, 마르크스는 정신적 행위나 마음의 활동보다는 경제적 행위, 구체적으로는 노동 행위에 관심을 더 기울였다. 이것이 석가모니와 마르크스의 차이다.

욕망 사회의 또 다른 신, 물신주의

새로운 사용자, 이용자, 소비자가 등장하고 소비 지향적인 개인이 출현하면서 다양한 생활 방식과 생활 양식을 추구하는 사회적 분위기가 조성되고 있다. 나를 드러내고 표현하고자 하는 소통(표출) 양식의 변화는 현대 자본주의에서 아주 중요한 역할을 한다. 욕망을 최대한 끌어올리고 나를 과시하게 만드는 소비자본주의에서는 새로운 표출 양식이 필요하다. 대량 소비 시대에서 소비자들은 자신이 이용 가능한 소비 대상을 찾아야 하고, 소비를 통해 자신을 표현하고자 한다.

이 모든 것은 자기 과시와 자기표현이라는 소통 양식의 변화와 관계가 있다. 광고와 판매촉진은 소비하고자 하는 개인의 욕망을 최대한 부추긴다. 소비를 통한 자기표현이나 상징 부여 모두 자기를 알리기 위한 욕망 실현의 일환이자 자기표현의 하나이다.

소비자본주의에서는 어떤 생활 방식을 추구하고, 어떻게 나를 표현할 것인가가 중요하다. 광고와 판매촉진은 자신을 적극적으로 알리고 표현하라고 권유하는 자본주의적 판매 기제이다. TV나 신문, 잡지 등의 대중매체는 소비하고자 하는 인간의 욕망을 최대한도로 끌어올린다.

오늘날 소비는 나를 표현하고 나의 정체성과 자존감을 지켜 주는 수단이다. 제품과 서비스는 자아 성취를 만족시켜 주고 자기표현을 충족시켜 주는 욕망의 도구이다. 제품과 서비스는 정보와 기대감을 제공하며 소비자의 욕구와 욕망에 최대한 부응하려 한다. 마케팅과 광고는 소비자의 욕구를 만족시켜 주는 정보와 기대감을 제공한다. 광고는 자본주의의 사용 가치와 가치의 모순을 해소해 주는 역할을 한다.

자본주의에서는 대량 생산된 제품이 소비되지 못할 때 문제가 발생한다. 자본주의는 대량 생산에서 발생하는 사용 가치와 교환 가치의 모순을 소비를 통해서 해결해야 하는 숙명을 안고 있다. 자본주의는 잉여가치의 실현을 위해서 대량 생산, 대량 판매, 대량 소비라는 재순환 구조를 끊임없이 이어갈 수밖에 없다. 자본주의에서는 상품을 만들어 낼 수 있는 생산 능력도 중요하지만, 만들어 낸 상품을 어떻게 소비하느냐가 더 중요하다. 이 대량 생산된 상품을 소비시켜 줄 수 있는 기제가 판매촉진, 마케팅 그리고 광고다.

오늘날 하나의 제품이 생산되는 과정을 보면, 아이디어의 창안, 연구개발의 단계를 거쳐 상품화하는 단계를 거친다. 마지막 관문에서는 그 제품을 어떻게 팔 것인가, 어떻게 유통할 것인가를 고민해야 한다. 이 단계에서 제품의 유통이 되지 못한다면 그 제품은 시장에서 사라지고, 원래 의도하였던 상품의 교환 가치가 사라지며 상품의 사용 가치도 사라지게 된다. 그렇게 되면 원래 상품에 담겨 있던 상품의 노동 가치도 사라져버려, 노동자들이 땀을 흘려 일한 노동의 가치가 쓸모없게 된다. 교환 단계에서 그 상품의 교환이 이루어지지 못하면 애써 만들어 놓은 상품은 아무런 쓸모가 없게 된다. 그래서 모든 자본가는 제품의 소비와 유통을 위하여, 즉 교환 가치의 실현을 위해 모든 노력을 기울이게 되고, 이 노력의 상당 부분을 마케팅과 광고가 담당하게 된다. 최근의 진전된 자본주의에서 유통과 소비를 촉진하는 부서인 마케팅부서, 영업부서, 광고부서, 홍보부서가 중요해지는 이유가 여기에 있다. 광고와 마케팅은 인간의 욕망을 최대한 끌어올리고 부추긴다. 그래서 상품을 신과 같은 존재로 만들어 버린다. 자본주의의 생산물은 자신의 필요와 욕망이 아니라 타인의 필요와 욕망을 충족시켜 주기 위해 생산된 것이다.

자본주의의 특징은 최대한 상품을 많이 만들어 낼 수 있는 능력이 있다는 것이고 이 대량 생산된 상품은 대량 소비로 뒷받침되어야 한다. 자본주의에서는 상품을 많이 생산하고 많이 소비해서 인간의 욕망을 채우는 것이 미덕이다.

물신주의物神主義는 자본주의에서 상품과 물건을 마치 신처럼 귀하게 여기는 것으로, 자본주의에서 상품의 중요성을 강조하는 의미이다. 돈만 있으면 모든 것이 해결된다는 물질만능주의도 비슷한 의미로 쓰이고 있다. 그래서 물신주의나 물질만능주의를 비판하면서도, 여전히 많은 사람은 물품을 신과 같이 여기고 있다.

　그러면 우리는 왜 물신주의를 한편으론 비판하면서 다른 한편으론 신봉하는 것일까? 많은 사람은 물신주의가 물질이나 돈만을 좇기 때문에 천박하다고 한다. 이 주장도 맞는 말이지만, 물신주의를 비판하는 근본적인 이유는 우리가 그 제품에 담긴 노동의 참된 의미를 잊어버리고 있기 때문이다. 어떤 상품이든지 그 상품에는 노동자들이 힘을 들이고 땀을 흘린 노동의 가치가 담겨 있다. 노동자들이 힘든 노동을 하면서 물건을 만들었는데, 많은 사람은 상품에 담긴 노동의 의미보다는 상품 자체만을 숭배한다. 그리하여 본래 상품에 담긴 노동의 가치와 의미는 잊어버리고 상품의 겉모습만을 좇게 된다. 이것이 바로 사람들이 노동의 가치는 잊어버리고 상품만을 신격화한다는 물신주의의 본래 의미이다.

　우리는 나 자신이 물건을 사거나 누군가 물건을 주면 그 물건을 보고 아주 좋아한다. 그 물건에 담긴 노동자의 땀과 노력은 잊어버리고 그 상품의 겉모습에만 빠져든다. 노동의 가치는 빠진 채 물건만이 남아 이것이 신과 같은 역할을 한다. 물신주의가 의미하는 바는 우리가 그 물건에 담긴 노동의 가치나 인간의 수고를 생각지 않은 채, 즉 노동의 가치는 배제한 채 물건과 상품만을 신처럼 받든다는 것이다. 우리가 식사할 때 땀 흘린 농부의 고마움에 대하여 생각하라고 하는 것은 바로 물신주의를 배격하고 농부가 행한 땀과 노

력의 참뜻을 이해하자는 것이다.[114]

자본주의에서 소비주의는 또 다른 신적인 존재다. 사람들은 돈과 물건이 유혹하는 소비에 미혹되어 있고, 상품의 매력에 도취해 있다. 우리는 소비라는 욕망의 미혹에서 빠져나오지 못하고 있다. 우리가 괴로움의 원인이 무명에서 나온다는 것을 알아채지 못하듯이, 소비를 많이 해야만 나의 욕망이 채워질 수 있다는 것을 깨닫지 못하고 있다.

우리는 이런 소비주의의 미망에서 빠져나올 필요가 있다. 석가모니는 무엇인가를 많이 가져야만 내가 행복하다는 환상과 미망에서 벗어나라 했고, 마르크스는 합당한 경제적 조건과 노동 환경이 제시되어야만 근원적 고통과 소외에서 벗어날 수 있다고 했다. 자본주의에서는 상품이 또 다른 신의 역할을 대신하고 있다. 상품을 신처럼 모시는 미망과 환상에서 빠져나올 필요가 있다.

---

114) 임동욱 지음(2015), 『소통과 협력의 진화』, 커뮤니케이션북스, 137~138쪽.

6.
석가모니와 마르크스의 공동체, 공통과 공유 의식

공통적인 것

　석가모니와 마르크스 모두 인간이 오랫동안 소망하고 노력해 왔던 것들을 인간 스스로 달성할 수 있다는 이상적 세계를 꿈꾸었다. 석가모니는 정토 세계를 꿈꾸었고, 마르크스는 공산주의 사회를 꿈꾸었다. 이 두 세계가 달성 가능한 현실적 세계인가에 대해서는 논란의 여지가 있을 수 있다. 하지만 우리는 내가 사는 이곳이 고통을 별로 느끼지 못하고 행복을 느끼는 곳이라면, 바로 이곳이 극락세계이고 정토 사회라 한다. 그렇다면 모든 사람이 고통을 느끼지 못하고 함께 행복해지는 사회는 어떤 사회인가이다.

　석가모니에게 정토 세계는 이상적인 사회이다. 석가모니에게 자유는 우리가 자신의 운명을 스스로 개척하고 결정하는 힘이다. 이는 형식적 의미의 공동체가 아니라 인간의 고통이 사라지고 개인의 자유의지가 충분히 반영되는 사회다. 마르크스에게 공산 사회는 물질적 궁핍, 경제적 착취, 사적 소유가 없어져서 자유의 영역을 확보

하는 이상적 사회다. 석가모니와 마르크스 모두 개인의 고통이 사라지고 인간이 행복해지는 사회를 꿈꾸었다.

공동체(community), 공산주의(communism)에는 '공통된 것'이라는 의미가 담겨 있다. 소통의 의미를 지닌 커뮤니케이션communication에도 공통의 의미가 담겨 있다. 영어의 이 단어들은 라틴어 '커뮤니스communis'에서 유래했다. '커뮤니스communis'에는 공통 또는 공유라는 뜻이 담겨 있다. 공산주의(communism)라는 단어에도 '공통'의 의미가 담겨 있다.

공산주의라는 단어에는 역사의 거대한 소용돌이에서 몰락한 어떤 실체를 함축하는 뜻도 담겨 있다. 그러나 공산주의가 평등을 그 기반으로 삼으며, 모든 인간의 욕구를 평등하게 만족할 수 있는 공동체를 의미한다면, 공산주의는 완전한 사회가 아니라 본질에서 그 자체적으로 홀로 생겨날 수 있는 어떤 투명한 '내재적인' 인간성의 원리를 가정하고 있는 셈이다.[115] 우리가 공동체를 지향하는 것은 공동체적 삶에 대한 향수가 우리의 몸과 마음에 내재적으로 각인되어 있기 때문이다.

'커먼common'이라는 용어의 사용은 17세기의 영국에서 찾을 수 있는데, 여기서 복수형의 의미가 담긴 '자유롭게 공동으로 방목할 수 있는 들판'과 '자유롭게 접근할 수 있는 영역'인 '커먼즈commons'라는 공동체의 개념이 생겨났다. 이와 관련하여 최근 들어서 급부상한 '공통적인 것'의 영역을 주목할 필요가 있다. 이 영역은 인지·정보 사회[116]

---

115) 모리스 블랑쇼/장 뤽 낭시 지음(2005), 박준상 옮김(2005), 『밝힐 수 없는 공동체/마주한 공동체』, 문학과 지성사, 13쪽.

116) 인지·정보 자본주의 또는 인지·정보 사회는 베네치아, 제노바, 네덜란드 등에 의해 표상되는 상업자본주의, 영국과 독일, 그리고 20세기 후반의 미국

에서, 아이디어·정보·코드·정서·정동[117]·돌봄·이미지의 영역이 대폭 확장하면서 더욱 중요해졌다. 이들은 인간이 지닌 창조성의 산물이면서 인간의 행위와 생산에 도움을 줄 수 있는 '공통적인' 것들이고, 또 어떤 의미에서는 공통적일 때 가장 생산적일 수 있다.[118]

오늘날의 디지털 자본주의에서 데이터는 석탄이나 원유같이 아주 중요한 원료로 취급되고 있다. 지식, 인지와 정보가 중심이 되는 인지·정보 사회 또는 디지털 자본주의는 바로 데이터에 기반한 경제이다. 닉 서르닉은 『플랫폼 자본주의』에서 데이터는 생산 수단의 하나인 원료라고 했다. 그는 (어떤 것이 일어났다는) 데이터와 (어떤 것이 왜 일어났는지에 관한 정보인) 지식은 구분되어야 한다고 했다. 그에 의하면 데이터는 지식을 수반할 수 있지만, 이는 필수적 조건이 아니다. 데이터는 기록을 동반하기 때문에 어떤 형태건 물

에 의해 표상되는 산업자본주의에 이어 나타난 인지와 정보, 서비스, 감정, 돌봄 등에 의지하는 제3기의 자본주의를 지칭한다. 조정환 지음(2011), 『인지자본주의』, 갈무리, 32~33쪽.

117) '정동'이란 개념은 질 들뢰즈(Gilles Deleuze)가 스피노자를 빌어 개념화했다. 들뢰즈는 스피노자가 affecto(affection)을 정서로 번역하는 것과 달리, affectus(affect)를 정동으로 번역하는 것이 더 낫다고 하며, 정동이란 개념을 사용했다. 들뢰즈에 의하면, 스피노자는 정동을 '정서가 봉인하는 어떤 것'이라 했다. 스피노자는 정서는 정동을 봉인한다고 했다. 정서는 문자 그대로 효과(effect)임을 기억하는 것이다. 정서는 나에게 가해지는 어떤 사물의 이미지의 순간적인 효과이다. 나의 행위와 연결되어 있는 사물들의 이미지가 정서인데, 정서는 봉인하고 함축하는 것이다. 봉인한다는 것은 그것들을 물질적 은유로 받아들이는 것이기 때문에 정서 안에 정동이 존재한다고 하였다. 정동은 정서에 의존하는 것이 아니고, 정서 안에 정동이 존재한다. G. Deleuze(1981), *Lecture Transcripts on Spinoza's Concept of Affect*, 서창현 외 옮김(2005), 『비물질 노동과 다중』, 갈무리, 84~85쪽.

118) 제이슨 바커 엮음(2013), 은혜·정남영 옮김(2013), 『맑스 재장전, 자본주의와 코뮤니즘에 관한 대담』, 도서출판 난장, 54쪽.

리적 매체가 필요하다. 이는 데이터 센터의 소비 전력만 보더라도 쉽게 알 수 있는데, 인터넷 전체는 전 세계 전력 가운데 9.2%를 소비한다. 데이터 대부분은 사용하기 전에 표준화된 형태로 정리되고 조직되어야 한다. 마찬가지로 학습 자료가 수동으로 입력되지 않으면, 시스템에서는 적절한 알고리즘이 생산되지 않는다. 이런 의미에서 데이터는 추출해야 하는 원료이며, 이용자의 활동은 그 활동의 천연자원으로 여겨져야 한다. 서르닉은 데이터를 마르크스가 제시한 노동 수단의 하나인 원료로서 바라보고 있다. 원유와 마찬가지로 데이터는 이런저런 방식으로 추출·정제·사용되는 재료라는 것이다.[119]

이런 의미에서 데이터와 알고리즘 등의 디지털 정보는 우리가 모두 함께 사용해야 할 '공통의 것'들로 취급되어야 한다. 그러나 최근의 현대 자본주의 사회에서는 정보와 디지털 영역이 자본주의적 탐욕에 의해 점점 더 사유화되며 이익 추구의 대상이 되고 있다. 공적으로 사용되거나 공통의 것이 되어야 할 부분들이 점점 더 사라지고 있다. 따라서 이런 공통적인 것들이 보장될 때, 인간은 창의적이면서 독립적인 존재, 자유인으로 커나갈 수 있다.

'커먼common'이란 단어에는 역사적·실체적 경험이 담겨 있다. 자본주의 체제는 바로 'the commons'를 사유화하면서 급격하게 팽창하고 발전했다. 복수형으로 쓰이고 있는 'the commons'는 보통 '공유지'라고 옮기지만 사실 'the commons'가 단순히 땅만을 지칭하는 것은 아니다. 더 정확하게는 '커먼 랜드common land'를 공유지라고

---

119) Nick Surnick(2016), *PLATFORM CAPITALISM*, 심성보 옮김(2020), 『플랫폼 자본주의』, 킹콩북, 45~48쪽.

지칭하지만, '커먼스commons'에는 이 땅과 관련된 모든 재화, 즉 인간에게 유용한 사용 가치를 포함하는 공동재(common goods)의 의미가 담겨 있다. 공통적인 것에는 이렇게 과거와 미래의 역사가 담겨 있다. 공통적인 것은 과거의 공동재적 삶에 대한 향수와 경험을 담고 있다.[120]

사적 소유와
공유 자산

농경 사회에 들어서자 개인주의와 사적 소유가 확대됐다. 노예가 생겨나고 계급이 생겨나고 불평등이 강화됐다. 절대적 힘을 지닌 지주들과 평민·농노와의 관계가 불평등을 가속했다. 마르크스는 사적 소유의 근원을 토지 소유의 야만적 형태인 봉건제의 소유제에서 발견했다.

재산의 기원에 관한 17세기 유럽의 주장은 창세기와 교부 철학의 전통에서 출발했다. 이 교리를 두고서 두 갈래로 입장이 갈렸다. 한편에선, 하느님이 인류에게 공동으로 사용할 대지를 주었으니, 토지는 영원히 공용으로 남아야 하고 따라서 사유 재산은 부당한 것이라 했다. 다른 한편으로, 로버트 필머 경처럼 왕당파 정치이론가들은 아담—한 사람과 그의 정당한 상속인들—에게 대지를 주었으며, 따라서 처음부터 사유 재산이 존재했다고 주장하는 사람들이

---

120) 연구공간 L 엮음(2012), 『자본의 코뮤니즘, 우리의 코뮤니즘』, 난장, 13~15쪽.

있었다.[121] 이처럼 소유에 관한 두 가지 대립하는 설이 있었으나, 중세 시대에도 봉건 지주에 의한 사적 소유가 지배하는 봉건제 양식은 확고하게 자리를 잡고 있었다.

'내 것이냐, 내 것이 아니냐' 하는 소유의 문제는 결국 이것이 나의 것이냐 아니면 나의 것이 아니냐 하는 소유권의 문제로 연결된다. 내 소유물은 타자인 남이 가질 수 없다. 어떤 대상에 대하여 나의 소유권을 주장하는 것은 남들이 내 것을 사용할 수 없다는 배제의 원리가 담겨 있다. 나의 욕망과 필요만 충족시켜 주기 위해 만들었던 사물과 물건은 처음에 사용 가치만을 충족시켰지만, 점차 남의 욕망과 필요를 충족시켜 주기 위한 교환 가치가 더 중요하게 되었다. 단순한 물품과 대상의 물물교환으로 여겨졌던 것들이 대량 생산으로까지 이어지게 되었다.

단순 욕망에서 시작되었던 상품이나 물건의 소유가 이제는 남이나 타자가 가지지 못하게 하는 배제, 또는 이를 넘어서는 탈취나 착취의 문제로까지 발전했다. 사적 소유는 타자의 추방과 배제가 기본 특징이다. 그래서 소유권에는 '타자=위험 세력', '타자=침해자'라는 배타적 권리가 깔려 있다. 이런 배타적 생각과 틀 속에서는 남을 향한 어떤 적극적 개방이나 포용이 어렵다.

16세기 영국에서, 영주나 대지주가 목축업이나 대규모 농업을 하기 위하여 미개간지나 공동 방목장과 같은 공유지를 사유지로 만든 일을 인클로저라 한다. 인클로저enclosure는 '둘러싸기', '울타리 두르기'를 의미하는데, 봉건 영주들이 자기의 소유 농지나 공동 목

---

121) 카를 마르크스·프리드리히 엥겔스 지음, 서설/주해 개레스 스테드먼 존스, 권화현 옮김(2015), 『공산당 선언』, 펭귄클래식 코리아, 173쪽.

초지에서 농민들을 강제로 몰아내면서 사적 점유권을 강화했다. 농사를 짓는 것보다는 양을 길러서 양털을 모직물 공업의 원료로 팔아넘기는 편이 훨씬 이익을 많이 남길 수 있었기 때문이다. 인클로저로 번창한 영국의 모직물 산업은 양모를 가공해 유럽 각지에 수출하여 막대한 수입을 올리면서 영국의 자본주의를 성숙시키는 계기가 됐다. 토지에서 쫓겨난 농민들은 도시로 흘러들어, 자신의 노동력을 팔아 연명하는 임시 노동자가 될 수밖에 없었다. 이들의 값싼 노동력은 영국 산업혁명의 풍부한 동력이 되었다. 인클로저는 공유지나 자기 소유물에서 타자를 배제하고 독점함으로써 사적 소유권을 강화하는 계기가 됐다. 배타적 점유권과 독점적인 사유의 권리는 자본주의의 생산력을 높여 주는 강력한 동력이 되었다.

토지의 점유로 촉발된 사적 소유가 점차 화폐의 사적 소유로 확대돼 갔다. 처음에는 토지로 대표되는 부동산의 사적 소유와 화폐로 대표되는 동산 사이의 사적 소유의 대립이 있었지만, 점차 자본주의가 확대됨에 따라 화폐와 자본이 지배하는 동산 형태의 사적 소유가 우위를 점하게 된다. 마르크스는 "자본이 없다면 토지 소유는 죽은 것이요, 무가치한 물질에 불과하다. 문명화된 세계에서 자본이 이룩한 승리는 죽은 물질 대신에 부의 원천으로서의 인간의 노동을 발견하고 또 이를 창조하였다는 것"이라고 하여, 토지에 대한 자본의 완전 승리를 선언했다.

이런 맥락에서 소유를 위협하는 것은 소유의 반대자들이 아니다. 소유물을 훔치는 범인은 소유를 폐지하자는 평등주의자가 아니라, 그 소유자의 자리를 탐내는 또 다른 소유자들이다. 사유 재산 보호는 사유 재산 침해와 똑같은 것이며, 이는 앞쪽에서는 소유라 말하고, 뒤쪽에서는 도둑질이라 말하는 것을 뜻한다.

과거 구소련과 동유럽 국가의 공산당 그리고 중국 공산당이나 북한의 노동당 등 공산주의자임을 자처하는 사람들은 사적 소유를 죄악이라고 여겼다. 그래서 이들은 사적 소유(사유)에 대항해서 국가 소유(국유)를 시도했다. 국유화를 시도했던 현실 공산주의와 사유재산을 옹호했던 부르주아 이론가들 사이에는 공통점이 있었다. 이들은 모두 사유와 국유가 대립하는 것으로 믿었다.[122]

그러나 사유와 국유를 꼭 대립하는 개념으로만 볼 필요는 없다. 앞서 언급했지만, '공통(common)'의 개념은 사유와 국유도 아닌 제3의 길이다. 코뮤니즘은 지식, 자연환경, 인권, 사회 등 자본주의에서 해체되어 버린 '커먼'을 의식적으로 재건하려는 시도다. 자본주의 이전의 사회에서는 공유지를 다 함께 관리하며 노동하고 살았다. 전쟁을 겪고 시장 사회가 발전해 공동체가 해체된 이후에도 입회지[123]나 개방 경지[124]처럼 공동으로 이용하는 토지가 남아 있었다.[125] 따라서 커먼을 회복하고 공동체를 복원하는 일이 아주 중요해졌다.

현대 자본주의는 아이디어, 정보, 이미지, 지식, 코드, 소통(커뮤니케이션), 정서, 돌봄 같은 비물질적 생산이 주도하고 있다. 따라서

---

122) 고병권·이진경 외 지음(2015), 『코뮤주의 선언, 우정과 기쁨의 정치학』, 교양인, 127~128쪽.
123) 한 지역의 주민들이 함께 생산물을 채취하여 이익을 얻을 수 있는 농지나 어장을 뜻한다.
124) 각 농민의 토지를 울타리나 길 등으로 명확히 구분하지 않은 경지를 가리킨다. 개방 경지 제도는 중세 유럽의 많은 지역에서 이뤄졌으며 주민들 사이의 협업과 규범 준수가 필수적이었다.
125) 사이토 고헤이 지음(2020), 김영현 옮김(2021), 『지속불가능 자본주의, 기후위기 시대의 자본론』, 다다서재, 238~239쪽.

또 하나의 중요한 공유 자산으로 여겨야 하는 것은 알고리즘, 데이터 등 지식과 정보의 원천이 되는 지적 재산이다. 정보와 데이터는 지식의 원천이자 자동화 기계나 AI 등을 조정하거나 통제하는 기반이 된다. 오늘날 자동화 기계와 AI 등의 자본주의적 생산이 가속되는 상황에서는 지식과 정보 그리고 데이터의 역할이 더욱 중요해진다. 아울러 이들을 조정하고 중재해야 하는 소통의 역할도 중요해진다.

자본은 잉여가치의 확대와 노동 탈취를 위해 과학기술과 지성, 지식의 역할을 늘려 간다. 디지털 시대의 자본주의적 생산에서는 정보와 지식의 지속적인 교환이 필수적이다. 정보와 지식의 교환은 기계와 기계 사이에도 필요하지만, 인간과 기계, 인간과 인간 사이에도 필요하다.

오늘날의 생산은 컴퓨터와 인터넷에 상당히 의존하고 있다. 노동자들의 인터넷과 컴퓨터(오늘날은 주로 스마트폰)의 사용은 기존의 노동 관행과 관계들을 급격하게 바꿔 놓고 있다. 기계와 기계, 인간과 기계 그리고 인간과 인간 사이의 상호 관계 또는 소통이 급증한다. 자본은 사회를 좀 더 효과적으로 통제하고 종속시키기 위해서 이전보다 더 확장된 네트워크를 통해서 컴퓨터, 정보통신, 미디어를 서로 연결한다. 예전의 노동자들이 공장의 조립 설비에서 노동했다면, 인지·정보 사회의 노동자들은 컴퓨터와 인터넷, 스마트폰으로 연결된 단말기와 플랫폼에서 일한다. 그리고 이들을 연결해 주는 것은 인터넷이다.

인터넷은 시공간을 뛰어넘어 인간과 인간, 인간과 사물, 사물과 사물을 연결한다. 그런데 이 인터넷을 움직이고 있는 알고리즘과 데이터 등의 지식과 정보가 대자본가들에게 독점되어 있고 사유화되어 있다. 지식과 정보에 대한 배타적 소유는 인간의 지식이 머리에 기억되어 말로만 이어지는 구전 문화에서, 지식과 정보가 매체에 저장되어 전달되는 방식으로의 전환이 이루어짐에 따라 더욱 강화된다.

구술 시대나 전승 시대를 거쳐 인쇄 시대로 넘어오면서, 지적 재산권이라는 이름 아래 지식과 정보의 배타적 점유가 강화되고, 이는 디지털 시대에 들어와서 더욱 심화하였다. 인쇄 혁명은 지식의 대중화를 가져왔으나 동시에 지식과 정보의 독점화도 강화되는 계기가 된다.[126] 사람의 생각과 사고가 체계적으로 저장되고 전달될수 있는 매체의 발전이 획기적으로 이루어지는 동시에 지식과 정보, 데이터의 독점과 사유화가 강화된다.

지적 재산권의 확대는 사적 소유와 대기업의 독점을 불러일으키며 점점 더 배제를 강화한다. 따라서 앞으로는 지식과 정보, 데이터에 대한 배타적 점유를 극복하는 방안에 대해 심각한 고려를 해야한다. 디지털 기술이 발달하고 인지, 정보, 지식이 주도하는 사회에서의 생산성의 증대는 단순히 생산에서 노동자들이 차지하는 위치에 의해서가 아니라 문화, 정보, 지식, 감정적 가치들과 체계의 총체성에 의해서 발생한다. 정보기술과 전산화에 의해서 발생하는 자본의 재구조화가 가속화된다. 데이터와 알고리즘 등 현대 사회의 원천이자 원료인 지식·정보의 공유를 이룰 수 있는 구체적인 방안마련이 시급하다.

---

126) 임동욱 지음(2017), 『인간 소통 발전의 역사』, 커뮤니케이션북스, 148~153쪽.

정토라는
공동체

석가모니의 정토 세계와 마르크스의 공산주의 사회는 인간의 공동체적 삶에 대한 향수와 바람을 담은 이상적 사회라 할 수 있다. 석가모니는 개인의 고통이 사라져서 마음의 평화를 이룰 수 있는 세계를 정토라 했다. 정토는 번뇌가 사라져 안락하고 평안한 삶을 살아가는 청정한 세계이다. 정토는 부처나 보살이 머무는 세계로서 번뇌가 없는 청정한 국토를 말한다. 정토의 개념은 대승불교의 발생과 더불어 서북 인도에서 발생하여 중국을 거쳐 고대 한국과 일본으로 전해졌다. 정토는 '깨끗한 국토', '청정한 국토' 또는 '완성된 국토'를 의미한다. 번뇌를 여의고 깨달음의 경지에 든 부처님이나 보살이 사는 청정한 국토를 말한다.

정토의 개념은 부처의 가르침을 기리고 부처님이 머무르는 곳이라는 장소의 개념과 마음의 평화를 이룰 수 있는 공동체 정신이 어우러지면서 가능해졌다. 정토에 상대되는 말로 더러운 땅이라는 예토穢土가 있다. 예토는 매일매일 번뇌와 갈등에 시달리며 살아가는 미혹한 사람들이 사는 고통의 땅이다. 석가모니는 인간이 고통과 번뇌에서 벗어나서 추구할 수 있는 가장 이상적인 세계를 정토라 하였다. 정토는 수행의 완전한 성취를 위해서 만들어 낼 수 있는 가장 이상적인 세계다. 종교적 이상을 성취하려는 의식이 만들어 낸 이상적인 세계를 정토라 할 수 있다.

정토와 비슷한 말로 극락極樂, 서방극락세계西方極樂世界, 극락정토極樂淨土, 극락국토極樂國土가 있다. 극락은 말 그대로 극적인 즐거움, 즐거움의 극치를 말한다. 오늘날에는 극락이라고 하면 아미타불의 극락정토(정토)를 지칭한다. 극락은 서쪽(서방)으로 10만억 불국토佛國土를 가면 있다고 하는 이상향의 세계이다. 참된 마음으로 아미타불을 믿고 기도하면 이 극락에 갈 수 있다.

극락에는 아미타불이 살고 있으며 어떤 번뇌와 괴로움도 없이 평안하고 청정한 세상이다. 서방정토의 경우, 몸과 마음에 일체의 근심과 고통이 없고 다만 한량없는 맑고 깨끗한 기쁨과 즐거움만 있다고 하여 극락이라 한다. 또 지옥·아귀·축생의 이름과 어려움과 고통이 없고 다만 자연히 즐거움의 소리만 있다 하여 안양安養이라 한다. 10만억의 부처님께 공양하며 모든 부처님 나라에 나아가서 불보살을 공양하고 기쁜 마음으로 돌아온다고 하여 안양이라고 한다. 혹은 마음이 편안하고 잘 자라나고 잘 살기 때문에 안양이라고도 한다.[127]

인간이 고통에서 벗어나 이상적 세계인 정토로 갈 수 있다는 것을 설파한 사상이 정토 사상이다. 정토 사상은 서방 극락정토에 태어나기 위한 아미타불阿彌陀佛의 가르침이다. 이 가르침에 해당하는 경전 가운데 『아미타경阿彌陀經』 1권, 『무량수경』 2권, 『관무량수경』 2권을 '정토삼부경淨土三部經'이라 한다. 정토삼부경이라는 명칭은 일본 정토교의 개조 법연 스님(1133~1212)이 처음으로 사용한 후 널리 퍼졌다. 『아미타경』은 극락세계의 공덕장엄과 극락세계에 왕생하는 방법을 주요 내용으로 한다. 『무량수경』, 『관무량수경』과 크게 다를 바가 없으며, 두 경전의 내용을 요약한 경전이라 할 수 있

---

127) 목경찬 지음(2020), 『정토, 이야기로 보다』, 담앤북스, 47쪽.

다.[128]

이러한 정토 세계가 실제로 존재하느냐의 여부를 가리는 두 가지 설이 있다. 정토란 곳이 사바세계를 떠난 곳에 따로 존재한다고 보는 견해와 마음의 청정함이 곧 정토라는 두 가지의 견해가 그것이다.

전자는 타방정토설他方淨土說이다. 이 세계로부터 멀리 떨어진 곳인 서방 또는 동방 등의 특정 방위에 존재하는 정토다. 고뇌로 가득 찬 이 사바세계를 떠나 사후에는 더 나은 세계에 태어나기를 원하는, 아미타불의 서방극락세계, 아촉불의 동방묘희세계, 약사불의 동방유리광세계 등을 말한다. 시방十方에 정토가 있다고 하는 시방정토설 또한 이에 해당한다.

다른 하나는 유심정토설唯心淨土說이다. 마음가짐에 따라 현세가 정토가 된다.『유마경』등에 의하면, 범부는 마음이 물들어 있기 때문에 이 세계를 부정不淨하다고 믿지만, 부처님의 지견으로 본다면 이 세계는 청정 장엄의 정토다. 현실 속에서 보살이 스스로 만들어가는 정토로 이 현실을 떠나서 따로 정토란 있을 수 없다.[129]

앞의 타방정토설은 현실 세계에서의 가능성이 불투명지만, 이상적인 유토피아 세계를 꿈꾸고 있다. 이러한 현실성의 가능태는 유심정토설에서 좀 더 구체화한다. 내가 마음을 어떻게 먹느냐에 따라 이 세상이 정토가 될 수도 있고, 예토가 될 수도 있다. 앞의 타방정토설이 현실 세계에서의 가능 여부가 불투명한 이상적인 세계를 꿈꾼다면, 유심정토설은 실현 가능성이 열려 있는 세계라 할 수

---

128) 앞의 책, 15쪽.
129) 앞의 책, 49쪽.

있다. 『유마경』에서도, "만약 보살이 정토를 얻고자 원한다면 우선 그 마음을 깨끗이 해야 한다. 마음이 깨끗하면 정토도 깨끗하다."라고 했듯이, 마음을 청정淸淨하게 하고 수행 정진의 과정을 거친다면 현실 세계에서도 가능성이 열려 있다.

무수한 불국토라는 마음의 공동체가 우리의 현실 세계와 공존할 수 있다는 개념은 대승불교의 출현과 더불어 그 가능성이 확대됐다. 대승불교의 가르침에 따르면, 누구나 부처가 될 수 있고, 누구라도 함께 큰 수레를 타고 정토 세계에 들 수 있다. 따라서 이는 우리가 어떻게 하느냐에 따라 그 현실적 가능성이 누구에게나 열려 있다고 할 수 있다. 대승이란 말 자체가 함께 큰 것을 타는 것(大乘)이므로, 내가 열심히 마음을 닦고 청정하게 수행을 하면 나도 정토라는 공동체에 진입할 수 있다. 그곳은 아무런 번뇌나 괴로움, 더러움이 없고 청정한 것들로 가득 차 있으며 항상 부처의 설법을 들을 수 있는 곳이다. 불교의 교리를 실천하여 청정한 마음의 상태에 도달하는 곳이 정토 세계이다. 우리가 기도하면서 "성불하십시오."라고 말하는 것이나, 모든 이들을 구원하겠다고 마음을 다잡는 것은 우리가 항상 이상적 공동체를 꿈꾸고 있기 때문이다.

공산주의라는
공동체

공통의 것, 공동체 정신, 공동체주의를 실현하려 한 사회가 공산주의(communism)이다. 공산주의에는 공통된 것(common)의 의미가 담겨 있다. 그러나 여기에서 '공통된 것'은 '같은 것'과는 아무런 관계가 없다. '공통된 것'은 다른 존재자들이 공통으로 소유하고 있는 어떤 성질(property)도 아니다. 또한 우리를 하나로 모으고 똑같이 사고하고 행동하도록 해주는 어떤 근거도 아니다. 그것은 복수의 개체들이 하나의 공통된 사건을 구성하는 능력이고, 나와 다른 개체들의 사고와 행동의 리듬을 맞춰 가며 하나의 공동 행동을 구성하는 능력이다. 공동의 행동을 통해 또 다른 공통의 사건이나 행동을 구성할 수 있는 잠재력을 중시한다.[130]

공동체와 관련하여 주목받고 있는 개념은 공共, '코뮌', 코뮤니즘이다. 공은 사회적으로 사람들에게 공유되고 관리되어야 할 부富를 말한다. '코뮌주의(communalism)'는 리버테리언 지역자치주의(libertarian municipal ism)와 변증법적 자연주의(dialectical naturalism)를 내포하는 사회 생태론의 포괄적인 정치적 범주다. 코뮌주의는 21세기 사회주의의 철학적·역사적·정치적·조직적 요소를 포괄하기 위한 용어인데, 이는 1871년의 파리코뮌[131]에 기원을 두고 있다. 코뮌주의는 정치 본래의 포괄적 의미인 해방적 의미를 되살리는 운동이

---

130) 고병권·이진경 외 지음(2015), 『코뮌주의 선언, 우정과 기쁨의 정치학』, 교양인, 9~10쪽.
131) 1871년 2월, 프랑스-프로이센 전쟁에서 프랑스가 패배하자, 프랑스는 프로이센과의 평화조약을 위해 국민의회를 소집하였다. 그러나 국민의회에 왕당파가 다수를 차지하자, 파리 시민은 왕정 부활을 염려하여 코뮌 정부를 수립했다. 처음에는 프로이센에 대항하는 애국심의 발로에서 출발하였던 파리코뮌은 곧 임시정부의 권위를 부정하고 재산 소유자들을 적대시하는 계급 운동의 성격을 띠게 되었다. 파리코뮌이 이렇게 계급적 성격을 띤 이유는 임시정부가 전쟁 중에는 부채와 집세의 지급유예(Moratorium)를 선포했다가, 나중에 이를 폐지하며 하층민의 부담을 가중했기 때문이다. 따라서 파리코뮌은 위원회를 설치하여 1848년 혁명의 기억을 되살리고, 자치정부로서의 틀을 갖추게 됐다.

다. 즉, 정신과 담론이 발전하는 터전으로서 지역 자체가 갖는 역사적 잠재력을 실현하고자 하는 개념이다.[132]

마이클 하트와 안토니오 네그리는 『제국』에서 '공통적인 것들'의 몰락과 부활 과정을 역사적 맥락에서 파악했다. 유럽에서 로마 제국의 붕괴와 기독교의 부흥으로 창조된 거대한 공유지들은 자본주의의 본원적 축적 과정에서 사적 소유자들에게 넘어갔다. 세계 곳곳에서 광대한 공공 공간들로 남아 있는 곳은, 이제는 전설적인 얘기로만 회자하고 있는, 로빈후드의 숲, 아메리카 원주민들의 대평원, 유목민들의 스텝 지대 등뿐이다.

시장 체제와 신자유주의는 제2·제3의, 그리고 n번째의 자연에 대한 이런 사적인 전유에 기생하여 생존하고 있다.[133] 현대의 대량 소비자본주의에서는 상품의 부를 처분할 수 있는 배타적 권리인 사적 소유가 더욱 강화됐다. 사적 소유가 신적인 것처럼 추앙받고 있는 현대 자본주의에서 공유와 '커먼common'은 미국형 신자유주의와 소련형 국유화에 대치하는 '제3의 길'을 여는 중요한 열쇠이다. 다시 말해, 시장 근본주의처럼 모든 것을 상품화하는 것도 아니고, 소련형 사회주의처럼 국유화하는 것도 아니다. '제3의 길'인 '커먼'은 수도, 전력, 주택, 의료, 교육 등을 공공재로 삼아서 사람들이 스스로 민주주의적으로 관리하는 것을 목표로 한다.[134]

---

132) 머레이 북친 지음(2012), 서유석 옮김(2012), 『머레이 북친의 사회적 생태론과 코뮌주의』, 메이데이, 144~147쪽.
133) 마이클 하드·안토니오 네그리 지음(2001), 윤수종 옮김(2001), 『제국』, 이학사, 394~395쪽.
134) 사이토 고헤이 지음(2020), 김영현 옮김(2021), 『지속불가능 자본주의, 기후위기 시대의 자본론』, 다다서재, 144~145쪽.

마르크스는 자본주의적 사적 소유는 생산 수단의 공동 점유에 입각한 개인적 소유가 확립됨으로써 부정된다고 보았다. 자본주의적 취득 방식이 사적 소유를 낳지만, 공동 점유는 '부정의 부정'에 의하여 발생할 수 있다.

"자본주의적 생산 양식으로부터 생겨나는 자본주의적 취득 방식은 자본주의적 사적 소유를 낳는다. 이 자본주의적 사적 소유는 자신의 노동에 입각한 개인적 사적 소유의 부정이다. 그러나 자본주의적 생산은 자연 과정의 필연성을 가지고 자기 자신의 부정을 낳는다. 이것은 부정의 부정이다. 이 부정의 부정은 사적 소유를 부활시키지는 않지만, 자본주의 시대의 성과—협업 및 토지와 생산 수단(노동 그것에 의하여 생산된 것)의 공동 점유—에 입각한 개인적 소유를 확립한다."[135]

첫 번째의 부정은 자신의 노동이 생산 수단으로부터 분리되어 '공동의 것'으로부터 멀어지는 것이다. 원래는 '공共'이었던 노동자의 노동이 생산 수단에서 분리되어 이제는 자본가의 이익만을 위해 봉사하게 된다. 두 번째의 부정은 공동의 점유로 자본주의적 사적 소유가 무너지고, 노동자 개인의 점유가 이루어지는 단계이다. 공동점유의 기틀이 마련되는 것이다.

마르크스는 생산 수단의 공유를 통한 공동체 사회인 공산 사회를 꿈꿨다. 그에 의하면, 공산주의는 종래의 모든 생산관계와 교류 관

---

135) K. Marx(1976), *Capital*, 金秀行 譯(1989), 『資本論 Ⅰ[下]』, 比峰出版社, 959~960쪽.

계의 기초를 변혁하는 공유 사회이다. 그는 공유 정신이 없으면 공동체 사회나 공산주의는 불가능하다고 보았다. 개인은 (타인과의) 공동관계에서 비로소 자신의 자질을 다방면으로 발전시킬 수 있는 수단을 갖게 된다. 따라서 프롤레타리아들이 자기실현과 자신을 인격으로서 주장하기 위해서는 생존 조건이기도 한 노동 양식을 지양해야만 한다고 했다.[136) 그는 노동 양식을 바꾸고 생산관계를 변혁해서 새로운 공동체 사회를 만들어 갈 수 있다고 했다. 그러나 마르크스가 예측한 대로, 생산관계가 바뀌고 노동 양식이 바뀐다고 해서 인간의 소유욕이 사라질지는 의문이다. 인간의 소유욕은 인간의 실체적 본성을 이루는 하나의 요인이므로, 사적 소유의 제거만으로 해결할 수 있는 문제가 아니다. 그는 노동과 사적 소유 간의 모순을 해결하는 방식으로 생산 수단의 공유를 통한 공산주의 사회를 제시했다. 따라서 마르크스에게 공산주의는 하나의 이상 세계이다.

마르크스는 자본주의에서 신의 역할을 하는 사유제를 부정했다. 사유제의 부정이 공산주의 사상으로 진전했다. "사적 소유의 현존 형태는 자본인데, 이 자본 자체는 지양되어야 한다." "공산주의는 만인의 사적 소유로서 점유될 수 없는 일체의 것을 부정하는 것"이다.[137) 마르크스는 사적 소유의 근원적 형태가 자본으로 나타나고, 이를 꽃피워 주는 곳이 자본주의라 생각했다. 공산주의는 차별이 해소되는 이상적 사회이다. 공산주의에서는 도시와 농촌의 차이, 육체노동과 정신노동의 차이가 없어지며, 공동 소유가 확립되는 사

---

136) 카를 마르크스·프리드리히 엥겔스 지음(2015), 김대웅 옮김(2015), 『독일 이데올로기』, 두레, 131~141쪽.
137) 칼 마르크스 지음, 김태경 옮김(1987), 『경제학·철학 수고』, 이론과 실천, 81~82쪽.

회이다. 계급 차별이 소멸하고 정치적 권력에 의한 지배가 사라지면서 사람들에 의한 평등한 협동 사회가 이루어진다.[138]

마르크스에게 공산주의는 완성된 이론이 아니다.

"공산주의는 α) 정치적 본성상 민주주의적이거나 비정치적이다. β) 공산주의는 국가의 지양 때문에 촉발되는 존재이면서도 동시에 아직 완성되지 않은 채 여전히 사적 소유, 곧 노동의 소외에 촉발되는 존재이다. 이러한 두 가지 형식 속에서 공산주의는 자기 자신을 인간의 재통합 혹은 인간의 자기 내 복귀 곧 인간의 자기 해소의 지양으로서 인지한다. 그러나 공산주의는 사적 소유의 실증적 본질을 아직 파악하지 못하고 욕망이라는 인간적 자연을 아직 이해하지 못했다는 점에서, 공산주의 역시 여전히 사적 소유 때문에 얽매여 있고, 감염되어 있다. 공산주의는 자신의 개념을 파악하기는 하였지만, 아직 자신의 본질을 파악하지는 못했다."[139]

자본주의의 자본 축적은 노동 과정을 통하여 이루어진다. 마르크스는 육체적·정신적 능력으로 정의될 수 있는 노동력만이 유일한 가치 창출의 원천이라고 했다. 인간은 자신의 노동력을 활용하여 자연을 변화시킨다. 그런데 자본주의는 토지나 건물, 원료, 그리고 노동력 등을 포함하여 모든 생산 수단을 사유화했다. 노동력이란 생산을 위해 쓰이는 인간의 육체적 및 정신적 에너지의 총합을

---

138) 철학사전편찬위원회(2009), 『철학사전』, 도서출판 중원문화, 443쪽.
139) 칼 마르크스 지음, 김태경 옮김(1987), 『경제학·철학 수고』, 이론과 실천, 84쪽.

말한다. 우리는 인간의 육체적 활동과 정신적 활동을 구분하여 신체적 활동에 쏟는 힘을 육체적 또는 물질적 활동이라 부르고, 정신적 활동에 쏟는 힘은 정신적 활동이라 칭한다. 마르크스는 인간의 육체적 활동과 정신적 활동을 구분하여 보지 않고, 이를 경제적 활동이나 정치적 활동이라 칭했다.

자본주의는 노동 대상인 원료에 노동을 가해 잉여가치를 창출한다. 자본가는 노동 시장에서 노동력을 구매하고, 이 노동자의 노동력이 원료에 더해져서 상품이 탄생한다. 이 과정에서 잉여가치가 만들어진다. 노동 과정에서 노동이 더해져서 상품으로 변모하게 되면서, 산 노동과 죽은 노동이 통합된다. 노동에서 해방되어 노동을 넘어서는 것이 진정한 해방이고, 자본(가)의 사적 소유를 철폐시키는 길이다. 노동의 해방은 산 노동의 창조력을 고양하는 것이고, 이는 산 노동에 생명력을 부여하는 길이다. 노동의 해방과 노동자의 자유는 자본의 사적 소유의 철폐에서 이루어질 수 있다. 공산주의는 사적 소유를 철폐하여 노동을 해방하고 노동자에게 자유를 줄 수 있는 물질적·정신적 공동체다. 그러나 사적 소유가 사라진다고 해서, 우리에게 행복과 자유가 보장되는 공동체 사회가 보장되는 것은 아니다. 인간이 무엇인가를 가지려는 마음은 인간의 본원적 집착에서 나오는 것이므로 이를 보통 인간의 마음으로는 제어하기가 어렵다. 또한, 인간의 사적 소유가 인류를 발전시키는 원동력이라 가르치고 있는 소비자본주의 체제하에서 이런 사적 욕망을 다스리기란 불가능에 가까울 수도 있다. 따라서 우리는 마음 다스리기와 자본주의 체제의 근본 모순을 제거하는 두 가지의 노력을 함께 기울일 필요가 있다.

7.
고통과 소외에서 벗어나기,
자유와 도덕적 길

고통의 원인과
연기법

석가모니와 마르크스 모두 고통이라는 문제에 대해 근본적 성찰을 하며, 해결책을 시도했다. 그들 모두 고통에 대해서는 같은 문제의식을 지니지만, 그 원인을 찾고 고통을 해소하는 방식에서는 차이가 났다. 석가모니가 인간 존재에 관한 탐구를 시작한 동기는 바로 인간 내부에 내재하는 고통에서 해방되려는 욕구 때문이었다. 석가모니에게 괴로움은 근원적 사유의 핵심 화두였다.

석가모니는 생로병사生老病死 또는 성주괴공成住壞空이라고 하는 우주와 인간의 근본적 원리에서 괴로움이 시작된다고 보았다. 그러나 석가모니는 관념론자가 아니었다. 그는 근본적 경험론자이면서 실용주의자였기에, 현존의 수수께끼로부터 달아나지 않고 정면으로 맞서 나아갔다. 그리하여 그는 괴로움이라는 것을 인정하면서 이를 현실적으로 벗어나는 방법을 모색했다. 따라서 괴로움의 문제에 대한 석가모니의 분석은 태어남이라는 시점까지만 소급되었다. 인간에게 태어남이란 이미 벌어진 일이다. 그것이 이미 일어났다는 것을 받아들이는 이상, 인간은 늙음과 병듦이나 죽음에 따를 수밖에 없다. 이는 희망을 포기하는 것이 아니다. 이제 인간이 할 수 있는 일은 괴로움을 최소화하는 쪽으로 노력하는 것이다. 그리하여 석가모니는 인간의 직접적인 경험을 고통스럽고 실망스럽게 만드는 조건들을 검토하고 나서, 그런 고통에서 벗어나는 길을 제시한다. 즉, 그것은 인간을 이루는 다섯 가지의 집적체인 오온五蘊을 어떤 신비스러운 실재물이나 자아의 소유로 집착하지 않는 것이다.[140]

석가모니는 고통의 원인을 인간 내부에서 찾는다. 고통은 나로부터 출발한다. 석가모니에게는, 내가 가진 것을 포기하고, 내 것을 놓아 버리고, 나의 고집과 집착을 내려놓는 것이 고통을 줄이는 길이다. 욕심과 욕망을 최대한으로 줄이라는 것이다. 석가모니에 의하면, 소유욕이란 무엇인가를 가지거나 취하려는(取) 욕망이고, 그 욕망은 대상에 대한 갈애渴愛에서 비롯된다. 갈애는 무엇인가를 간절히 원하는 것이다. 욕망과 갈애는 고정돼 있지 않고 끊임없이 변하는, 실재하지 않는 무상한 것에서 비롯한다. 소유욕과 갈애가 고통의 원인이라는 것을 모르는 게 무명이고 무지이다. 이런 연유로 불교의 12연기는 무명에서 시작되며, 석가모니는 이 욕심과 소유욕의 원인이 무지에서 비롯된다는 것을 강조했다. 석가모니는 인간의 고통이 왜, 어디서, 어떻게 유래하는지를 관찰하여 그 고통에서 벗

---

140) D.J. 칼루파하나 지음(1992), 김종욱 옮김(1996), 『불교 철학사』, 시공사, 151~152쪽.

어나는 길을 제시했다. 그 길을 찾아가는 것이 해탈의 길이요, 열반이요, 정토 세계로 가는 길이다. 석가모니는 색, 수, 상, 행, 식의 오온이 무상하다고 관찰하는 것이 바로 정견이며, 이를 제대로 관찰하지 못해서 괴로움이 발생한다는 것을 강조했다.

> "색色은 무상하다고 관찰하라. 이렇게 관찰하면 그것은 바른 관찰(正觀)이니라. 바르게 관찰하면 곧 싫어하여 떠날 마음이 생기고, 싫어하여 떠날 마음이 생기면 기뻐하고 탐하는 마음이 없어지며, 기뻐하고 탐하는 마음이 없어지면 이것을 심해탈心解脫이라 하느니라.
>
> 이와 같이 수受·상相·행行·식識도 또한 무상하다고 관찰하라. 이렇게 관찰하면 그것은 바른 관찰이니라. 바르게 관찰하면 싫어하여 떠날 마음이 생기고, 싫어하며 떠날 마음이 생기면 기뻐하고 탐하는 마음이 없어지며, 기뻐하고 탐하는 없어지면 이것을 심해탈이라 하느니라.
>
> 이와 같이 비구들아, 마음이 해탈한 사람은 만일 스스로 증득하고자 하면 곧 스스로 증득할 수 있으니, 이른바 '나의 생은 이미 다하고 범행은 이미 섰으며, 할 일은 이미 마쳐 후세의 몸을 받지 않는다'고 스스로 아느니라. '무상하다(無)고 관찰한 것과 같이, '그것들은 괴로움(苦)이요, 공하며(空), 나가 아니다(非我)'라고 관찰하는 것 또한 그와 같으니라."[141]

141) 김월운 옮김(2015), 『잡아함경 1』, 동국역경원, 1~2쪽.

석가모니는 고통의 원인이 무엇인가에 관해 깊은 성찰을 했고, 고통의 원인과 조건을 없애면 고통도 사라질 것이라는 연기법의 원리를 생각해 냈다. 왜 사람은 늙고 병들며 죽는 괴로움을 느낄까? 결국은 무명을 인연하여 행이 있고, 행을 인연하여 식이 있다는 연기법을 알아채지 못하는 무명에서 괴로움이라는 무더기가 생긴다고 했다.

"내가 이제 인연법因緣法과 연생법緣生法을 설명하리라. 어떤 것을 인연법이라고 하는가? '이것이 있기 때문에 저것이 있다'고 하는 것을 말하는 것이니, 말하자면 무명을 인연하여 행이 있고, 행을 인연하여 식이 있으며… (이하 생략) …이러이러하게 하여 순전한 괴로움뿐인 큰 무더기가 발생하는 것이니라.[142]

석가모니는 12지支를 들어 연기법을 설명한다. '괴로움뿐인 큰 무더기'는 무명에서 비롯된다. 12지는 무명無明 → 행行 → 식識 → 명색名色 → 육입六入 → 촉觸 → 수受 → 애愛 → 취取 → 유有 → 생生 → 노사老死이다. 석가모니는 괴로움이 무명에서 비롯된다고 보았다. 무명은 지혜(明)가 없다는 뜻으로, 우리 인간은 욕망과 집착으로 인한 번뇌에서 벗어나지 못하여 무지와 무명에 빠져든다. 따라서 무명과 어리석음에서 고통이 시작된다. 그리하여 무지한 인간은 무엇인가가 실체가 있다(有)고 여기는 무명에 빠져들고, 여기서 행, 식, 명색 그리고 생生, 노老, 병病, 사死가 생겨나 고통이 발생한다.

---

142) 김월운 옮김(2015), 『잡아함경 2』, 동국역경원, 78쪽.

무명은 우리 인간의 근저에 있는 근원적 무지인데, 이 무명을 멸함으로써 고를 해소할 수 있다. 그러나 우리는 무명이 우리의 마음속에 자리하고 있다는 것조차도 알아채지 못하고 있다.

마르크스의 소외와 고통

마르크스는 고통이란 말을 별로 사용하지 않았지만, 고통의 원인이 되는 소외에 대해서는 많은 언급을 했다. 마르크스에게 소외란 사회적 조건 아래서 생기는 것이다. 인간의 소외는 자신의 자유의지가 얼마나 반영되고 관철되는가에 달려 있다. 소외는 기본적으로 관계의 배제로부터 시작된다. 누군가가 "~로부터" 배제되었다거나 또는 "나는 무엇인가를 가지지 못했다."가 소외의 시작이다.

소외는 나의 의지가 나 스스로 결정하지 못하고 누군가에 의해서 결정되고, 무엇을 가지지 못했다는 배제에서 출발한다. 돈을 가지지 못했거나 물건을 가지지 못했다는 것도 소외에 포함되지만, 친구를 가지지 못했다거나, 여자나 남자를 가지지 못했다거나, 가족을 가지지 못했거나, 또는 종교나 믿음·신념·취미 생활·여가를 가지지 못한 것도 소외에 포함된다. 소외란 물질적 배제나 정신적·관계적 배제도 포함된다. 결국, 어떤 사람이 자기 혼자 "소외되었다."라고 말할 수는 없다. 소외나 배제는 다른 이와의 관계에서 나온다. 나 혼자 잘 놀거나 나 혼자 즐길 줄 아는 사람은 소외감을 느끼지 않는다. 그런 의미에서 소외는 개인적 고통의 원인이 된다.

소외란 인간이 자기 자신을 세계의 중심으로, 자기 자신의 행위의 창조자로 인식하지 못하고 오히려 대상으로 종속되는 것을 말한다. 포이어바흐는 인간의 자기 객관화와 소외 현상이 일어나는 영역을 종교에 국한하고 있었으나, 마르크스는 소외를 종교적 영역에 국한하지 않고 이를 정치적 영역으로 확대했다. 마르크스는 소외의 개념을 인간의 모든 생활 영역, 즉 종교, 국가, 법, 가족, 도덕 그리고 또 하나의 중요한 영역인 경제로까지 아주 광범위하게 확장했다. 마르크스는 포이어바흐가 주장한 종교적 생활에서의 인간 소외에서 출발하여, 그것이 종교 국가로까지 확대되며 정치적 생활 속에서의 인간 소외로 이어진다고 하였다. 마르크스에 의하면, 신이 상상적 또는 이론적 형태 속에서 객관화된 인간이듯이 국가는 실제의 정치 형태 속에서 객관화된 인간의 모습으로 나타난다.

"정치 체제는 이제까지 종교적 영역이자 인민 생활의 종교가 되었다. 군주제는 이러한 소외가 완성된 형태이다. 그러나 공화제는 그 자체의 영역 안에서 그것을 부정하는 것이다"[143]

마르크스에게 소외는 자본주의 체제 속에서 인간이 완전한 존재로 발현할 수 없다는 것을 의미한다. 사람들은 자신의 신체와 두뇌를 활용하여 노동하며 생활을 유지하지만, 대다수 노동자는 생산수단에서 배제된 채, 소유에서 배제되고 타인과의 관계에서 소외된다. 이것이 소외(고통)의 첫걸음이다. 그는 가장 진전된 형태의 소

---

143) 로버트 C. 터커(1982), 『칼 마르크스의 哲學과 神話』, 김학준·한명화 역 (1982), 한길사, 142~145쪽.

외는 자본주의 체제에서의 노동자의 무력함이라고 하며, 노동자가 생산하면 할수록 그는 더욱 소외감을 맛본다고 했다. 왜냐하면, 그가 생산한 생산물은 이미 자본가에게 팔아 넘겨진 상태이기 때문이다. 비록 그가 생산하였더라도 그 생산물은 자기 것이 아닌 자본가의 것이다. 그가 생산하였지만, 그 결과물은 자기의 것이 아닌 남의 것이기 때문에, 노동 과정에서의 노동의 대상화가 곧 원초적인 소외로 이어지는 것이다. 그에게 있어서는 노동의 대상화 자체가 문제가 아니라 소외된 대상화가 문제가 되는 것이다. 인간이 사물과 자연에 대하여 대상화하는 것이 인류의 발전이고 진전이라고 말하지만, 마르크스에게는 이 대상화 과정에서 노동자가 능동적이지 못하고 자율적이지 못하기 때문에, 즉 노동 과정에서 노동자 자신이 배제되면서 노동자 자신이 대상화되는 것이 노동의 소외이다. 노동자가 사물에 대하여 능동적으로 대상화를 하는 것이 아니라 오히려 그 자신이 대상화되기 때문에 이를 가장 원초적이고 근본적인 소외라고 본 것이다.

마르크스는 고통의 원인을 인간 내부보다는 외적 조건인 경제 관계에서 찾았다. 마르크스는 생존 자체를 위협하는 사적 소유가 사라져야 고통이 사라진다고 보았다. 마르크스는 노동의 소외, 즉 경제적 범위에서 일어나는 소외를 가장 중요하고 결정적인 소외로 보았고 이는 괴로움의 원인이 된다. 마르크스는 철저하게 소외를 노동의 소외로 파악하며 그의 유물론적 관점을 정립해 나갔다. 마르크스는 인간 소외의 근원이 자기 자신의 생산 수단을 가지지 못하는 자본주의적 사적 소유에서 나온다고 보았다.

청년 시절 마르크스가 철학적·인간적 측면을 강조한 소외에 관심을 기울였다면, 중반기에 들어서는 소외를 인간 소외라는 개인적 문제가 아닌 생산과 연관된 노동의 소외로 파악하기 시작했다. 헤겔에서 소외 및 그 지양의 과정이 추상적이고 사변적인 사유 안에서 수행된다면, 마르크스에서는 소외 및 그 지양이 노동을 통해서 이루어진다. 마르크스의 소외는 초기의 인간 소외와 정치적 소외에서 시작되어 후기에는 노동의 소외로 이어진다. 가족이나 친구 등 직장생활을 포함하는 세속적 형태를 띠는 현상으로서의 일반적·사회적 소외의 형태가 종교나 국가로 이어지는 정치적·사회적 소외를 넘어 물질적·경제적 소외로 발전한다. 즉 괴로움의 원인이 되는 개인적 고통과 소외가 사회적 형태를 띠는 경제적 소외, 나아가서 노동의 소외로 발전하는 것이다.

마르크스는 자본주의의 병폐를 해소하고 일하는 사람의 주체인 개인의 고통을 줄이려는 방법의 하나로 소외 개념을 정립하고 확산시켰다. 그는 자본주의 사회를 인간 중심이 아니라 상품과 자본, 기계가 중심이 되어 생산 활동이 이루어지는 과정으로 파악한다. 마르크스는 자본주의에서 인간이 기계에 종속되고 노동 과정에서 주체성과 자율성을 상실하는 문제점을 지적하기 위해 소외 개념을 사용하였다.

마르크스는 소외 개념을 자본주의의 모순과 관련지어 유물론적으로 전개해 나간다. 마르크스는 헤겔 변증법이 지니는 긍정적인 측면을 인정하면서도, 특히 소외와 관련하여 나타나는 헤겔의 관념론적 접근 방식을 비판했다. 이는 헤겔의 변증법이 '절대이념'에서 자연의 운동으로, 정신에서 물질로 발전하므로, 다리가 아닌 머리로 거꾸로 서 있는 상태라 했다. 마르크스는 이를 자연의 운동을 기초로 하는 과학으로, 물질에서 정신으로의 반영으로 환원시켜 거꾸로 서 있는 상태를 바로잡았다. 그리하여 헤겔의 관념론적인 변증법은 마르크스와 엥겔스에 이르러 유물론적 변증법과 사적 유물론으로 바뀐다.[144]

마르크스는 개인이 고통을 당하고 자기 소외를 맞보는 것을 소외의 대상화와 탈대상화에서 찾았다. 인간은 자연과의 상호작용을 통해서 자신의 능력의 대상화로 나타나는 대상을 찾아낸다. 부정의 변증법은 주체와 객체, 인간과 자연 사이의 모순이 노동 과정 속에서 해소되고 더 높은 단계에서 새로이 생겨나 또다시 해소되는 것을 의미한다.[145] 마르크스는 자본주의 체제의 부정을 통해 인간은 비로소 소외에서 벗어날 수 있다 보았다. 자본주의 체제에서는 즐거워야 할 인간의 노동 행위가 노동 과정에서의 착취 때문에 고통으로 변한다. 마르크스에게 인간의 근원적 괴로움은 노동 과정에서 발생한다.

도덕적 길과
팔정도

인간과 자연에 대한 이해는 그 자체로 목적이 아니라, 목적을 달성하기 위한 수단이어야 한다. 인간이라는 존재가 지식이나 지혜를

---

144) 앞의 책, 83쪽.
145) 소연방과학아카데미 지음(1975), 문성원 외 옮김(1990), 『맑스주의 변증법의 역사 Ⅰ』, 한울림, 46쪽.

추구하는 궁극적 목적은 인간 존재의 행복과 자유를 추구하고자 함이다. 행복과 자유는 상호 연결되어 있다. 행복하다고 느끼면 자유롭고, 자유롭다고 느끼면 행복을 느낀다. 행복감은 물질적인 것과 정신적인 것에서 나오지만, 이를 다스릴 수 있는 것은 정신이다. 어떤 사람은 많은 재물을 가지고 있으나, 불행이나 불만족을 느낀다. 하지만 가진 것이 별로 없어도 행복을 느끼는 사람도 있다. 따라서 재물의 소유 여부는 행복을 얻기 위한 수단이지, 그 자체가 목적일 수는 없다. 석가모니는 행복과 자유를 자신의 마음을 통해서 이룰 수 있다고 했다. 반면, 마르크스는 재화의 공유나 이익 공유를 통해서 이룰 수 있다고 했다.

자유의 개념이 무엇으로부터의 속박에서 벗어나는 것이라면, 열반 역시 번뇌의 불이 꺼진 상태이다. 자유와 행복은 속박과 번뇌에서 벗어났을 때 느끼는 감정의 상태이다. 석가모니는 인간 존재의 속박에서 벗어나서 자유를 얻기 위해서는 자기 수양과 도덕적 성실함이 필요하다고 했다. 도덕적 행위에는 악을 회피하는 소극적 측면과 선을 개발하는 적극적 측면이 있다. 사실상 이 둘은 상호보완적이다. 예를 들어 자신을 포함한 생물을 죽이지 않는 것은 소극적 측면이고, 자신과 타인을 비롯한 모든 존재에 대하여 동정하는 것은 적극적 측면이다.[146)]

불교의 계율은 '무엇을 하지 마라'로 되어 있는 소극적 도덕률과 적극적 도덕률이 포괄돼 있다. 오계와 십선계가 그것이다. 오계五戒는 (1) 살생하지 말 것, (2) 도둑질하지 말 것, (3) 남녀 사이를 교란

---

146) D.J. 칼루파하나(1976), 나성 옮김(2019), 『불교철학, 역사 분석』, 이학사, 108쪽.

하지 말 것, 성에 관해서 문란하지 않은 것, (4) 거짓말하지 말 것, (5) 술을 마시지 말 것이다.[147] 십선계十善戒는 세속의 사람이 지켜야 하는 10가지 계율로 십선업도十善業道를 행하는 것이다. 십선계는 10가지의 계율로 구성돼 있다. (1) 불살생不殺生, 살아 있는 것을 죽이지 마라, (2) 불투도不偸盜, 훔치지 마라, (3) 불사음不邪婬, 남녀의 도를 흩트리지 마라, (4) 불망어不妄語, 거짓을 말하지 마라, (5) 불기어不綺語, 희롱하는 말을 하지 마라, (6) 불악구不惡口, 욕을 하지 마라, (7) 불양설不兩舌, 이간질시키는 말을 하지 마라, (8) 불탐욕不貪欲, 탐하지 마라, (9) 부진에不瞋恚, 화내고 성내지 마라, (10) 불사견不邪見, 인간 생존의 이법에 대해 비뚤어진 견해를 품지 마라.[148]

석가모니의 도덕적인 삶은 팔정도八正道를 통해 구체화한다. 팔정도는 고통의 원인인 갈애渴愛와 집착執著을 완전히 소멸하여 해탈, 열반에 이르는 여덟 가지 수행의 길이다. 팔리어의 '성스러운 여덟 가지 요소의 길'인 팔지성도八支聖道가 팔정도로 한역漢譯됐다. 부처님의 발자취를 따라가는 성스러운 길이라는 뜻이다. 『잡아함경』 18권, 「염부차경閻浮車經」에서는 사리불의 옛 친구인 염부차閻浮車가 사리불에게 묻고 이를 사리불에게 답하는 방식으로 팔정도를 설명한다.

염부차가 사리불에게 물었다.
"현성賢聖의 법과 율 가운데 어려운 것이 무엇입니까?"

147) 길상 편저(2017), 『불교대사전』, 홍법원, 1786~1787쪽.
148) 앞의 책, 1577~1578쪽.

사리불이 염부차에게 대답했다.

"오직 출가出家하는 일이 어렵습니다."

염부차가 사리불에게 물었다.

"출가한 이에게 어려운 일은 무엇입니까?"

사리불이 염부차에게 말하였다.

"사랑하고 좋아하기(愛樂)가 어렵습니다."

"사랑하고 좋아하는 이에게 어려운 일은 무엇입니까?"

대답하였다.

"좋아하더라도 착한 법을 닦기는 어렵습니다."

다시 물었다.

"사리불이여, 닦아 익히고 많이 닦아 익히면 항상 착한 법을 닦아 더욱 자라나게 하는 길(道)이 있고 방법(向)이 있습니까?"

대답하였다.

"있습니다. 이른바 8정도正道이니, 즉 바른 소견(正見)·바른 뜻(正志)·바른 말(正語)·바른 업(正業)·바른 생활(正命)·바른 방편(正方便)·바른 기억(正念)·바른 선정(正定)입니다."[149]

석가모니는 팔정도를 통해 모든 사람이 올바른 말과 행동과 생활을 하는 도덕적 길을 제시했다. 팔정도는 몸과 마음과 입을 바르게 하여 깨달음의 길에 다다르게 하는 길이다. 즉, 올바른 견해, 올바른 생각, 올바른 말, 올바른 행위, 올바른 생활, 올바른 노력, 올바른 마음씀, 올바른 의식을 행하면 올바른 깨달음으로 간다는 것이

---

149) 김월운 옮김(2015), 『잡아함경 2』, 동국역경원, 362~363쪽.

다. 팔정도는 도덕적 완성도를 높이기 위해 몸과 입, 생각의 삼업三
業을 다스리는 길이다.

석가모니는 고통의 원인은 인간이 무상하다는 것과 나라고 할 수
없다는 무아의 원리를 깨닫지 못하는 무명과 무지에서 나온다고 했
다. 따라서 고통을 줄여 주는 근원적인 방법은 탐욕이나 집착, 갈애
에서 벗어나는 나는 길이다. 팔정도를 행하는 것은 인간 존재의 근
원적 악순환을 끊어 내어 도덕적 완성도를 높임으로써 깨달음의 길
로 한 걸음 더 다가서는 것이다.

마르크스와
'자유의 영역'

마르크스의 행복과 자유는 개인적 의식보다는 경제적 활동에 기
초한 사회적 의식에서 나온다. 마르크스에 의하면, 도덕은 인간의
경제적 사회생활, 즉 각각의 시대의 생산 양식에 기초를 두고 생겨
나는 사회적 의식에 기초해서 생겨나는 것이다. 즉, 도덕은 사회의
발전이라는 객관적 법칙 아래에서 평가되어야 하며, 단순히 개인
적인 의식의 문제로 여겨서는 안 된다. 사회 계층이 계급으로 나누
어져 있는 계급적 사회에서는 계급 대립이 발생하여 서로 대립하는
별개의 도덕이 생겨난다. 계급 사회가 출현하면서부터 도덕적 규범
도 사회 계급에 따라 달라진다. 기본적으로 계급 사회는 생산 수단
의 여부에 따라 사회적 지위가 엇갈리며, 이에 따라 행복의 기준이
되는 도덕적 기준도 달라진다. 따라서 마르크스는, 적대적 계급이

사라짐으로써 진정한 행복과 자유가 실현될 수 있다고 보았다. 마르크스에게 진정한 개인의 자유는 적대적 계급이 사라지고, 불평등한 사회적 구조가 사라지는 사회적 관계 속에서 획득될 수 있는 자유이다.

마르크스는 인간이 노동에서 해방되어 진정 자유로운 존재가 될 수 있는 곳을 '자유의 왕국' 또는 '자유의 영역'[150]이라고 불렀다. 그는 "자유의 왕국은 궁핍과 외부적인 권력에 의해 규정되는 노동이 끝장나는 곳에서 비로소 진정으로 시작되며, 그 본성상 고유한 의미에서의 물질적 생산의 영역을 넘어서서 존재한다."라고 했다. 따라서 "자유의 왕국은 필연의 왕국을 그 토대로 해야만 개화될 수 있기는 하지만, 노동일의 단축은 그 기본적인 조건이다."[151] 따라서 그에 의하면, 진정한 자유의 달성은 노동일이 단축되고, 적대적 계급이 사라져야 가능하다.

생산 수단의 사적 소유가 철저하여 경제적 자유를 누릴 수 없는 곳에서는 진정한 자유를 맛볼 수 없다. 마르크스는 생산 수단의 사적 소유 위에 세워진 도덕적 규범은 지배계급의 도덕이 될 수밖에 없다고 했다. 마르크스는 이를 계급 도덕이라 했다. 계급이 대립하는 사회에서는 도덕도 계급적으로 대립하기 때문에, 자본주의 사회에서는 부르주아지 도덕과 프롤레타리아 도덕의 대립이 나타난다. 마르크스는 프롤레타리아 도덕이란 노동자 계급의 이해를 반영하며 나타나는 동시에, 기존의 도덕의 진보적 내용을 계승하면서 계

---

150) 번역자인 김수행은 『자본론』의 'realm of freedom'을 '자유의 영역' 대신에 '자유의 왕국'이라 번역했다.

151) K. 마르크스(1989), 金秀行 譯(1990), 『資本論 III(하)』, 비봉출판사, 1011쪽.

급 도덕적 성격을 지양하여 새로운 사회의 기초를 구축하는 데 도움을 주는 도덕이다.[152)]

마르크스에 의하면, 이를 극복하기 위한 길은 공산주의 혁명이다. 이 길이 인간이라는 존재가 누리는 '자유의 왕국'이다. 자본주의 사회는 생산 수단이 자본가에게 집중되어 사적 노동이 지배하는 '필연의 왕국'이고, 공산주의 사회는 생산 수단이 사회에 공유되는 '필연의 왕국'이다. 상품과 자본, 시장의 힘이 지배하는 자본주의는 개인을 지배하고 통제함으로써 개인은 이에 통제될 수밖에 없다. 따라서 자본주의에서는 물신주의가 팽배하여, 돈이 지배하는 사회가 된다. 이런 사회에서의 도덕과 자유는 상품과 돈에 의해서 좌우된다. 이에 비해 공산주의 사회에서는 사유 재산이 폐지됨으로써 사회적 통제가 가능하게 되고 이로 인해 인간 소외도 지양될 수 있다. 마르크스는 이런 사회를 '자유의 왕국'이라 했다.

마르크스는 사적 소유가 사라져야 하는 부정의 법칙을 인간 사회에 적용하여 자유를 쟁취하려 했다. 마르크스는 공산주의에서 인간이 자유로운 존재가 될 수 있다고 함으로써 '자유의 왕국'을 주장했다. 그에게 공산주의 사회는 인간이 사회적 조건과 법칙에 종속되는 것이 아니고 이를 의식적으로 자유롭게 통제하고 이용할 수 있기에, 진정한 꿈의 왕국이자 '자유의 왕국'이다. 그는 이상적 공동체 사회라는 '자유의 왕국'을 꿈꾸지만, 이러한 왕국이 언제 도래할지는 수백 년이나 수천 년이 지난 후에 판단할 수밖에 없는 문제이다.

마르크스는 자본주의에서 공산주의로 넘어가기 위해서는 개인

---

152) 철학사전편찬위원회(2009), 『철학사전』, 도서출판 중원문화, 55쪽.

의 도덕적 관습과 습속을 떨쳐버리는 것이 아주 중요하다고 여겼다. 왜냐하면, 자본주의에 사는 대다수 사람은 자기도 모르는 사이에 자본주의적 습속과 규율, 도덕률에 자연스럽게 젖어 있기 때문이다. 자본주의적 습속이란 생활 방식과 활동 양식에서 시장 경제와 물신주의가 최고의 가치라고 배워 왔고 훈습熏習된 것을 말한다. 『표준국어대사전』에는 훈습을 "향이 그 냄새를 옷에 배게 한다는 뜻으로, 우리가 행하는 선악이 없어지지 아니하고 반드시 어떤 인상印象이나 힘을 마음속에 남김을 이르는 말"이라 정의하고 있다. 훈습은 우리 몸에 배어 있는 자연스러운 인상이나 힘을 말한다.

불교의 유식 사상에서도 훈습의 의미가 중요하다. 훈습은 업과 관련이 있다. 그런데 업은 우리가 상식적으로 알고 있는 팔자나 숙명은 아니다. 업은 지금 이전의 모든 나의 행위, 즉 몸으로 지은 업(身業), 입으로 지은 업(口業), 생각으로 지은 업(意業)을 말한다. 향을 싼 종이는 향의 냄새가 나는 것처럼, 업이 마음에 스며드는 것을 훈습이라고 한다. 이렇게 스며든 업의 힘에 의하여 식이 일어날 때, 변화하여(轉變) 아我와 법法으로 비슷하게 나타난다(似現). 그 '잠재적인 힘'인 종자는 '훈습된 기분'인 습기의 다른 말이다. 현행現行된 법은 종자로부터 현행하자마자 바로 종자로 다시 훈습된다. 현행한 법으로부터 종자로 훈습되는 경우를 현행훈종자現行熏種子라 한다.[153]

그런데 자본주의에 사는 사람들은 갈애에 가득 찬 '자기중심적' 사고와 '물신주의'라는 습속과 훈습에서 벗어나지 못하고 있다. 이

---

153) 목경찬 지음(2012), 『유식불교의 이해』, 불광출판사, 55쪽·90쪽.

것이 자본주의의 생존 법칙이자 가치 법칙이다. 자본주의의 흔적인 가치 법칙은, 자신에게 필요하지 않은 것이 있다고 해도 그것을 '남아도는 것', 따라서 '남에게 주어도 좋은 것'으로 생각하지 않게 한다. 왜냐하면, 그것은 언젠가 다른 것과 교환하거나 다른 목적을 위해 사용할 가치를 지니고 있기 때문이다. "가치 법칙이 서로에 대해 가치와 등가의 잣대로 재는 생활 방식을 내포한다고 할 때, 그것은 진행되면 진행될수록 사람들을 냉혹한 계산의 수렁으로 끌고 가는 무의식적 습속을 강화"한다.[154] 우리는 우리의 욕심과 탐욕 그리고 물건에 대한 집착 때문에 이 습속을 내려놓지 못하고 있고, 이런 자본주의적 규율과 습속은 우리의 가정교육과 학교 교육, 사회 교육을 통해 계속해서 '훈습'되고 있다.

자유의지와
도덕적 인간

석가모니가 수행과 실천을 통해 마음을 다스리면서 도덕적 인간이 되라고 강조한 것은 잘 알려진 사실이다. 하지만 마르크스 또한 다른 차원에서 도덕적 인간을 강조하였다. 마르크스는 말년에 『자본론』을 쓰면서, 자신의 건강을 해치고 가족의 행복도 돌보지 못했지만, 노동자와 인류가 겪는 고통에 대해서 많은 성찰과 생각을 했다. 그는 만일 자기 자신이 인류의 고통에 등을 돌린다면, 자기 자

---

154) 이진경 지음(2014), 『맑스주의와 근대성』, 그린비, 322~323쪽.

신은 '소'나 다름없을 거라고 말한 적이 있다. 그는 또한 자기만큼 돈에 대해 많은 글을 쓰면서도 그토록 돈이 없는 사람은 없을 거라고도 했다.

마르크스는 유대 전통이 그러하듯 맹렬한 도덕 사상가였다. 마르크스가 도덕을 자주 비난했던 것은 사실이지만, 실제로 그가 비난한 것은 도덕적인 요소만을 선호하며 물질적인 요소들을 무시하는 맥락 없는 '관념적'·'형이상학적' 역사 연구였다. 그에 의하면, 진정으로 도덕적인 연구는 인간의 상황이 갖는 양상 전개를 탐구하는 것이다. 그것은 인간의 가치와 행위, 관계, 성격적 특징을 그것이 빚어낸 사회적·역사적 맥락과 힘에서 분리하지 않는 것이다. 그런 면에서 테리 이글턴에 의하면, 마르크스는 아리스토텔레스적 전통을 지닌 진정한 도덕가였다. 그는 도덕이 일차적으로 법과 의무와 규범과 금지의 문제가 아니라 가장 자유롭고 충만하고 자기실현적인 방식으로 살아가는 문제라고 생각했던 아리스토텔레스적 전통을 이어받은 사상가였다. 게다가 그는 도덕이 일차적으로 법과 의무와 규범과 금지의 문제가 아니라 가장 자유롭고 충만하고 자기실현적인 방법으로 살아가는 문제라고 생각했다.[155]

자유의지는 인간이 자신의 행동과 결정을 스스로 조절, 통제할 힘이나 능력을 말한다. 인간이 자유의지를 전적으로 가지는지, 부분적으로 가지는지, 전혀 가지고 있지 못하는지에 대해서 아직도 논란이 계속되고 있다. 자유의지에 관한 문제는 자연이나 환경 또는 사회의 조건과 밀접한 관련이 있다. 자유의지는 외부의 제약이

---

155) 테리 이글턴 지음(2011), 황정아 옮김(2012), 『왜 마르크스가 옳았는가』, 도서출판 길, 148~150쪽.

나 구속, 강요 없이 한 개인이 자유롭게 세계를 인식하면서, 목적을 설정하고 이를 자율적으로 실천하는 내적인 힘을 뜻한다. 근대의 학문과 사회, 제도는 환경의 영향을 인정하면서도 이에 맞서서 인간이 자유의지를 통하여 환경을 변화시키고 세계를 창조하고 자기 삶을 구성할 수 있는 독립된 주체라는 전제를 바탕으로 한다. 근대인은 자유의지를 가지고 타인을 사랑하거나 증오하고 불의를 보고 저항하거나 침묵하고 죽어가는 이를 보고 구원에 나서기도 하고 지나치기도 한다. 그렇기에 근대인은 사유와 행위에서 자유로운 주체, 그 행위의 원인으로서 정립되었고 이를 전제로 근대 사회가 형성되고 제도와 시스템이 만들어졌으며, 자신의 선택과 결정에 대해 도덕적이고 법적인 책임을 졌다.[156]

불교에서 그토록 강조하고 있는 자유인이 되지 못하는 이유는 자기의 행위나 인식이 남이나 타자에게 의존해 있기 때문이다. 석가모니가 자기를 버리고, 집착하지 말 것을 강조한 것이나, 법정 스님이 비움을 강조하며 물욕을 비롯한 욕심에서 벗어나라고 한 무소유의 개념은 자기 스스로 소외감을 떨쳐버리고 자유인이 되고자 하는 고도로 높은 단계의 실천이자 수행 과정이라 할 수 있다.

소외는 관계 속에서 비롯된다. 우리는 일상생활에서 남들은 돈을 잘 버는 데 나는 돈을 잘 벌지 못한다는 생각, 다른 사람은 아프지 않은데 나만 아프다는 생각, 다른 사람들은 자주 놀러 다니면서 여가를 즐기는 데 나는 여가를 즐기지 못한다는 생각, 남들은 무엇인가를 잘도 성취하지만 나는 성취감을 맛보지 못한다는 성취감의 결

---

156) 이도흠 지음(2018), 「포스트휴먼 시대의 대안으로서 붓다와 맑스의 대화」, (사)한국불교학회 2108년도 추계학술대회 발표문, 37쪽.

여 등 소외는 남과의 비교와 관계에서 비롯된다. 인간관계에서 나만이 배제되고 왕따 당하고 있다는 자괴감이 소외를 불러온다.

사회는 점점 더 거대해지고 복잡해지는 반면, 개개인은 점점 더 작아지고 초라해지는 느낌을 받는다. 현대 사회에서 급격하고 광범위하게 일어나는 사회 변동과 구조의 복잡성, 과학과 기술의 발달, 조직화와 도시화 등은 사회의 구성원들이 자기 소외를 점점 더 느끼게 한다. 현대인들은 사회에서 내가 할 수 있는 일이 별로 없다는 무력감과 고립감을 맛보고 있다.

현대인의 인생은 자본주의라는 사회 시스템과 구조 속에 갇혀 있다. 구조 속의 개개인은 자신이 스스로 할 수 있는 일은 별로 없으며, 다른 사람들이 만들어 놓은 시스템과 제도, 규범이나 방식대로 살아야만 한다고 생각한다. 불교 공동체에서 적게 먹고 적게 쓰며 적게 자라고 강조하는 것은 이런 형태의 욕망을 버리는 무착無着과 연결돼 있다. 불교에서는 마음 수양을 통해서 얻는 무소유의 정신을 강조한다.

이런 의미에서, 석가모니와 마르크스가 강조한 지향점과 방향에서는 비슷한 점도 있지만, 이를 해결하는 방식에서는 차이점이 있다. 석가모니는 고통의 원인을 내부인 나에게서 찾아 이를 지워버리라고 설파한다. 이에 반해 마르크스는 소유 관계와 생산관계의 혁명을 통한 공동체 건설에서 찾는다. 양자 모두 정토 세계든 유토피아적 공산주의 사회든 공동체적인 삶을 추구하는 것은 비슷하다.

도덕적 판단에는 몸과 마음의 조화가 필요하다. 우리가 도덕적 판단을 할 때도 정서를 일종의 정보로 활용한다. 우리가 어떤 판단을 할 때, 우리는 우리 안으로 눈을 돌려 느낌이 어떤지를 살피게 된다. 느낌이 좋으면 내가 그것을 좋아하는 것이 틀림없고, 뭔가 불쾌한 느낌이 있으면 내가 그것을 좋아하지 않는다는 게 확실하다는 것이다. 이는 몸의 청결 상태와 도덕적 판단과 밀접한 관련이 있다는 조사 결과에서도 밝혀졌다. 대다수 사람은 일단 몸을 깨끗이 하고 나면 더러운 것은 멀리하고 싶은 마음이 생기는 것이다.

이는 반대의 경우도 마찬가지이다. 즉, 사람들은 비도덕적인 일을 접하면 깨끗이 씻고 싶어 한다. 사람들은 과거에 저지른 도덕적 일탈을 기억하게 할 경우, 자신도 모르게 청결을 더 자주 생각하고 자기 몸을 씻고 싶어 하는 욕구가 생긴다. 결론적으로 말해, 우리 몸과 우리의 바른 마음 사이에 난 길은 쌍방향이라는 이야기이다. 비도덕적인 일을 접하면 우리는 마치 우리 몸이 더러운 듯한 느낌이 들고, 부지런히 자기 몸을 씻다 보면 도덕적 정결을 더 중시하게 되는 것이다.[157] 불교나 다른 종교에서도 수행하거나 기도를 할 때는 몸을 청결히 하라는 말을 자주 한다. 이는 몸과 마음이 따로 떨어져 있는 것이 아니고, 몸이 청결해야 마음이 청결해지고, 마음이 청결해져야 몸도 깨끗하게 유지할 수 있다는 뜻이다.

불교에서 수행의 길인 팔정도八正道나 계율에서도 몸과 마음 그리고 입을 바로 하라고 한다. 불교에서 마음의 수양을 강조하지만, 몸을 떠난 마음을 논하기는 불가능하다. 인간의 몸과 마음은 분리할 수 있는 성질의 것이 아니다. 마음은 몸과 함께 작용하며, 마음 작용은 몸의 상태에 따라 달라진다. 우리의 몸이 아플 때는 마음이 아무리 노력을 해도 소용이 없다. 우리가 명상할 때, 호흡에 집중하

---

157) 조너선 하이트 지음(2012), 왕수민 옮김(2014), 『바른 마음』, 웅진 지식하우스, 127~128쪽.

라고 하나 이 또한 몸이 아프거나 졸리거나 할 때는 도무지 집중할 수가 없다. 물론 지속해서 수행하면 몸도 이에 적응한다. 처음에 명상을 시작했을 때는 발도 저리고 허리도 아프고 졸리기도 한다. 하지만 지속적인 수행을 하면, 이러한 고통이 점차 사라지는 것을 알 수 있다. 몸과 마음이 함께하고 있다는 것은 우리의 체험과 실천, 수행을 통해서 느낄 수 있다.

8.
석가모니와 마르크스의 조화,
정신적 행과 육체적 행

욕망의
기원

인류의 역사에서 초기의 원시 공동체 사회를 제외하고, 농업 사회부터 현대 자본주의에 이르기까지 사적 소유는 바뀔 수 없는 인간의 절대 원리로 자리하고 있는 듯하다. 이를 시장의 힘이라는 또하나의 신이 떠받들고 있다. 인류의 역사는 욕구의 확대와 변화를 통해 자기 자신을 끊임없이 변화시키는 과정의 연속이었다. 인간은 육체적·정신적 행위를 하고 자연과 관계하면서 사회적 생산과 사회적 관계를 만들어 간다. 사회적 관계에는 인간이 생존을 위해 필요한 산물을 생산하는 것과 분배 과정이 포함된다.

우리 인간은 수렵 채집의 공동체 사회를 거쳐, 농경 사회, 산업사회와 자본주의 사회에까지 이르렀다. 처음에는 아주 간단한 도구와 손짓, 몸짓 등의 간단한 소통 수단만을 사용하며 활동을 해왔지만, 이제는 아주 복잡한 생활을 하고 있다. 이 모든 행위와 활동에는 인간의 욕망이 담겨 있다.

우리는 끊임없이 무엇인가를 원한다. 그리고 그것을 얻기 위해 노력한다. 하지만 원하는 것을 얻자마자 곧 결핍에 시달린다. 이처럼 원하는 걸 얻었음에도 우리의 욕망은 채워지지 않고 또 다른 결핍을 느끼는 이유는 무엇일까? 현대 사회에서 욕망은 부정적인 면과 긍정적인 측면 모두를 담고 있다. 무엇인가를 먹고, 입고, 쓴다는 생활과 행위의 측면에서 볼 때, 욕망은 삶의 동력이 되지만, 또 다른 측면에서 욕망은 무엇인가에 대한 또 다른 탐욕과 갈등을 불러일으키는 요인이다.

욕망의 기원은 사적 소유에서 비롯됐다. 원시 공동체 사회에서의 사적 소유는 최소한의 생존에 한정되었다. 원시시대에 인간의 관심은 욕구를 직접 충족시키는 것이었다. 원시 사회에서 욕구의 충족은 원시림에서 도토리나 다른 과일을 줍는 것이 대부분이었다. 무엇인가를 소유할 일은 거의 없었기 때문에 권리나 재산도 없었다. 농경 생활을 시작하면서부터 사적 권리가 확대됐다. 내 것이 생기고 내 재산이 생기면서 사적 권리가 확대됐다. 여유(잉여) 농산물이 대폭 증가하면서, 내 것이나 우리 것의 개념이 생겨났다. 욕망의 기대치가 한껏 부풀어 올랐다.

사유 재산은 인간의 욕망을 한껏 부추기고, 소외를 불러일으킨다. 농경 사회가 끝나고 산업 사회가 도래하자 자본의 힘에 의한 사적 소유가 더욱 확대되고 욕망은 한없이 부풀려졌다. 한때 중세 기독교 사회에서 인간의 욕망을 억제하는 청빈과 청렴을 강조하는 사조가 강조되기도 했지만, 이는 극히 일부 사제들에게만 적용되는 선언적 구호였다. 막스 베버는 『프로테스탄트의 윤리와 자본주의 정신』에서 봉건주의를 구한 것이 바로 윤리적인 프로테스탄티즘과 퀘이커 교도[158]의 금욕이었다고 했다. 자본주의가 뿌리를 내린 것이 퀘이커 교도의 금욕과 덕성, 고통을 인내하고 미래의 만족을 추구하는 성향, 돈을 주의 깊게 관리하는 성향 때문이었다고 했다. 하지만 마르크스는 자본 축적의 역사란 '피와 불의 문자들'로 기록된 것이라 했다.[159]

일단 사유 재산이 세계사적 현상이 되자 돈과 자본의 힘이 증대된다. 사유 재산에 대한 소유 욕망이 한껏 커지고, 빈곤과 빈부 격차가 커간다. 자본이 자본주의의 절대 강자가 되고 자본과 돈은 시장의 힘으로 그 위력을 한껏 뽐낸다. 자본주의에서 돈과 상품은 신과 같은 지위를 누렸다. 상품이 넘쳐나는 자본주의에서 불평과 고통에서 벗어나기 위해서는 개개인들이 욕망을 스스로 잠재우거나 불평등한 경제 구조와 환경을 바꾸는 방법밖에는 없다.

우리가 욕망하는 것은 정신적·물질적 풍요와 함께 안정적이고 평화로운 삶이지만, 소비자본주의가 제공하는 것은 물질적인 풍요뿐이다. 자연과 생태계를 파괴하며 무한한 성장에 대한 희망을 저당 잡힌 우리에게 소비자본주의가 약속할 수 있는 것은 기껏 산더미같이 높이 쌓여 있는 물건과 그에 따른 생태계와 환경 파괴뿐이

---

158) 창시자 조지 폭스의 "하나님 앞에서 벌벌 떤다."라는 말에 따라 퀘이커라고 불리게 되었다. 한국에서는 '종교친우회'라 불리고 있다. 퀘이커 교도들은 개신교 교파에서 급진적 재건 주의로 서방 교회의 예식을 거부하며, 순수한 신앙을 강조한다. 청교도와 다르게 캘빈주의의 예정설과 원죄 개념을 부인했다. 모든 사람은 자기 안에 신성神性, 곧 하나님의 성품이 있으므로 이를 기르는 법을 배우면 되고, 그렇게 신성만 기른다면 모두가 구원받을 수 있다고 믿었다.

159) 데이비드 하비 지음(2021), 강윤혜 옮김(2021), 『자본주의는 당연하지 않다』, 선순환, 195쪽.

다. 우리는 그 물건을 사용하면서 즐거움을 맛보기도 하지만, 이상하게도 그것들은 우리의 전반적인 삶을 만족시키지는 못한다.

소비자본주의가 약속하는 물질적 풍요는 무엇인가가 빠진 한낮의 신기루이다. 자본주의 사회에서 인간의 의식과 생활 방식을 규정짓는 가장 중요한 요소는 돈(자본)이다. 광고에 등장해 인기를 끌었던 "부자 되세요~"라는 말은 자본주의에서 돈의 위력을 압축한 것이다. 돈이 있어야 소비를 할 수 있고 부자는 돈이 많으므로 소비를 마음대로 할 수 있는 사람이다. 현대 사회에서 소비는 나를 나타내는 효율적인 도구이자 징표이다. 소비하고 돈을 쓴다는 것은 나의 사회·문화적 위치를 드러내는 것이다. 이는 문화적 상징이자 잣대이다. 큰 저택을 소유한다든지, 고급 승용차를 가지고 있다든지, 명품을 소유하고 있다고 하는 것은 나를 드러내는 자기 실현의 아주 효과적인 수단이다. 이를 억제할 수 있는 길은 무엇일까?

욕망과
근원적 고통

욕망은 내가 무엇을 원하기 때문에 일어난다. 각자의 욕망은 개인의 결단이며 개인의 자유에 속한다. 우리는 욕망한 것을 소유하기 위해 끊임없이 노력하고 몸부림친다. 자본주의 시대의 대량 생산과 대량 소비는 우리의 욕망을 잠재우도록 잠시도 가만히 놔두질 않는다. 집 안에서는 TV와 신문, 잡지 등의 대중 매체와 개인적 매체인 스마트폰 등이 우리의 욕망을 끊임없이 자극한다. 밖에 나가도 지하철과 버스의 광고판, 큰 건물의 전광판 등이 우리의 욕망을 부추긴다.

우리는 무엇인가를 가지고 소유하지만, 얼마 지나지 않아 또 다른 욕망과 또 다른 색다른 것을 경험하기 위해 몸부림을 친다. 엄밀히 말하면 이 모든 욕망은 내 마음이 시시각각 변하기 때문에 일어난 것이다. 원효 대사는 지난밤에 '맛있게 먹었던 물'이 다음 날 아침에 보니 바로 '해골에 담겨 있던 물'이라는 것을 알고 나서 깨달음을 얻었다고 한다. 같은 물이라도 우리의 마음에 따라 '달콤한 물'로도 '역겨운 물'로도 변화무쌍하게 나타난다. 이 모든 것이 우리 마음의 변덕스러움에서 발생한다. 하지만 우리 평범한 인간은 얼마 전 샀던 옷이 어느 날 갑자기 입기 싫어지는 등 마음의 변화를 끊임없이 경험하고 있다.

욕망은 인간 고통의 근원이다. 석가모니는 고통의 원인을 인간 내부에서 찾았다. 석가모니는 고통의 원인을 무명을 깨닫지 못하는 연기적 사고에서 찾았다. 석가모니는 사람의 고통은 신이나 타인에 의해 주어지는 것이 아닌 나 자신에서 온다고 했다. 따라서 석가모니는 스스로가 깨달음과 수행을 통해서 각자의 욕망을 잠재우는 방법을 찾으라 했다. 석가모니는 만인과 중생에 대한 고통을 없애 주는 방식으로 스스로가 자기의 욕망을 잠재우고 자비심을 내라 했다.

마르크스는 고통의 원인을 사적으로 무엇인가를 소유하려는 인간의 근원적 사적 욕망에서 찾았다. 노동자가 자기가 생산한 것을 갖지 못한다는 노동의 소외는 임금 노동에서 나타나고, 임금 노동은 자신이 생산 수단을 가지지 못하는 사적 소유에서 비롯된다. 마르크스는 사적 소유의 결과로서 나타나는 노동의 소외에 주목하였고, 사유 재산이 소외된 노동의 생산물로 이어진다는 것을 알아냈다. 일단 사유 재산이 세계사적 힘이 되자, 모든 생산물은 상호 탈취와 상호 약탈의 근원이 되며, 인간의 욕망을 끝없이 끌어올렸다. 돈의 힘과 사적 재산이 힘을 발휘하면서 욕구가 증대되고 이와 함께 상대적 빈곤과 빈부 격차가 심해졌다. 한편에선 먹을 것이 없고 가진 것이 없는 사람들이 속출하지만, 다른 한편에서는 가진 것이 너무 많아서 이를 주체하지 못하는 사람들이 생겨난다. 돈과 사유 재산의 무절제한 욕망이 또 다른 차별과 빈곤을 탄생시켰다. 따라서 마르크스는 만인보다는 민중, 그중에서도 프롤레타리아의 고통을 없애 주는 방식을 택했다. 그는 인간 자신보다는 주변 환경과 구조, 체제를 바꾸는 데 주력했다. 마르크스는 물질적 결핍, 사적 소유, 착취 구조, 그리고 현재와 같은 국가 형태를 종식하는 데 주력했다. 그는 경제 환경과 구조를 바꾸기 위해 전 인생을 바쳤다. 그런 그에게 경제 결정론자 또는 경제 환원론자라는 꼬리표가 따라붙는 것도 무리는 아니다. 그는 노동자에게는 연민과 사랑을 보내지만, 자본가에게는 증오와 분노를 표출했다. 석가모니는 인간의 욕망 자체를 버리라 강조했고, 마르크스는 자본의 힘과 사적 소유를 없애야 한다고 역설했다.

　석가모니와 마르크스의 고통의 원인을 찾아내는 방식과 이를 해결하는 방법은 유사한 측면과 상이한 측면이 공존한다. 석가모니는 인간 자신의 고통을 줄여줄 수 있는 원리를 절대화되고 초자연적인 신이나 브라만이나 아트만 같은 절대적인 것보다는 인간 자신에서 찾았다. 석가모니는 인간의 고통을 줄이는 방법을 신이 아니라 인간의 무지와 무명에서 벗어남에서 찾았다. 석가모니는 고통은 색과 무상의 원리를 깨닫지 못하는 데서 나온다고 했다. 고통의 해소도 자산의 취득 등 사적 소유를 인간 내면의 의식을 통해 절제하는 방식으로 해결하고자 했다.

마르크스는 인간의 고통을 줄여줄 방법을 신에 대한 맹목적 추종보다는 자본주의 비판이라는 인간이 만든 제도와 체제에서 찾았다. 마르크스는 고통은 근원적 인간 소외에서 시작된다고 보았다. 근원적 인간 소외는 자신이 일한 대가를 충분히 보장받지 못하기 때문에 발생한다. 이 근원적 소외가 고통의 출발점이다. 따라서 고통의 해소는 내가 노동한 대가에 대한 보상을 충분히 받지 못한다는 노동 과정에서의 소외와 사적 소유의 완화 내지는 철폐를 통해 이룰 수 있다.

석가모니와 마르크스의 조화,
자유의 영역과 필연의 영역

우리 인간은 고통과 얽매임이 밖으로부터 오는 줄 알고 착각을 하고 있다. 물론 생존을 위한 최소한의 물질적 조건이 채워지지 않으면 생존 자체가 어렵다. 석가모니는 소왕국의 왕자로 태어나서 부유한 삶을 살아갈 수 있었으나, 이를 거부하고 고행의 길로 들어섰다. 석가모니는 걸식하며 최소한의 경제적 요건만을 충족하는 삶을 선택했다. 그는 결국 7년간의 고행과 보리수나무 밑에서의 깊은 성찰 끝에 인간의 고통과 소외 그리고 속박의 원인이 무엇인지를 깨달았다. 석가모니는 그때까지 성행하고 있던 브라만교를 부정하며 불교라는 새로운 승가 공동체를 만들었다.

마르크스는 유복한 유대인 가정의 자식이었다. 그랬던 그가 분노와 증오심을 가지게 된 것은 베를린대학에서 마주한 프로이센 정부의 폭정에서부터였다. 그는 베를린대학에서 헤겔 철학을 접하게 되면서 청년 헤겔 좌파가 되었고, 헤겔의 관념론을 뛰어넘는 사적 유물론과 변증법적 유물론을 현실에 적용하면서 자본에 대한 심도 있는 분석을 시작했다. 자본주의에서 공산주의로의 혁명적 이행은 마르크스의 일생의 과업이 되었다. 자본주의에 관한 연구와 자본에 대한 분석은 역사적 유물론으로 이어졌다. 그의 주된 관심은 자본주의의 병리에 있었다. 그는 자본주의가 비인간적이고, 잔인하며, 낭비적인 체제라고 생각했다.

자본주의의 본원적 축적은 토지를 도용하고, 공유지에 울타리를 쳐서 토지를 사유화하는 것에서 시작됐다. 다음의 자본 축적은 자신의 노동력을 파는 방법 외에는 존재할 수 없는 노동자의 노동 과정의 착취에서 발생한다.

마르크스에게 이 모든 것을 해소할 수 있는 길이 공산주의 사회였다. 그는 공산주의의 필연성을 굳게 믿은 나머지 논증의 필요성을 느끼지 못했고, 바로 그런 점에서 그의 이론은 우리 평범한 인간을 설득하는 데 실패했다.[160] 따라서 마르크스의 이론과 사유를 평범한 인간들에게 제대로 이해하기 쉽게 전달하는 것이 마르크스 연구자들이 앞으로 풀어야 할 중요한 과제이자 숙제이다. 마르크스는 공산주의를 현존하는 질서를 폐지하는 현실적인 운동이라 보았

---

160) 마르크스·레닌주의연구소 지음, 김대웅·임경민 옮김(2018), 『마르크스 전기 2』, 유목민, 393~394쪽.

다. 그런 의미에서 그는 현실에 대해서는 음울하고 부정적인 태도를 보였지만, 미래에 대해서는 낙관적이면서 희망적인 태도를 보였다. 테리 이글턴은 마르크스의 이런 태도와 성격을 두고서 "냉철한 현실주의자이기도 한 몽상가"라 칭했다.[161] 마르크스가 발견한 것은 자본주의에서의 노동자의 비참한 생활이었다. 자비와 배려심을 지닌 사상가라면 사랑과 연민의 이름으로 이 갈등을 넘어서라고 주장하겠지만, 그는 현실적인 연구자이자 사상가였지 종교인은 아니었다. 그는 노동자들에게는 무한한 사랑을 보내지만, 자본가에게는 분노와 증오를 표출하였다. 석가모니는 모든 이에게 사랑하고 자비심을 베풀라고 가르쳤지만, 마르크스는 노동자들에게만 사랑을 보낸, 연구자이자 사상가였다.

생존 본능은 모든 생명체에게 공통으로 나타나지만, 오직 인간만이 동물적 본능을 넘어서는 측은지심과 자비심 등의 행위를 할 수 있다. 불교에서의 자비는 불·보살이 중생을 측은히 여기고 동정하는 마음, 만인에 대한 사랑, 측은과 동정을 베푸는 것이다. 자비의 '자慈'는 중생에게 기쁨을 주는 마음이고, '비悲'는 중생의 괴로움을 없애주는 것이다.[162] 홍창성은 자비심이란 타인을 향한 이해타산 없는, 즉 이기심 없는 배려심 또는 보살피는 마음이라 했다.[163] 따라서 자비심이란 만인에 대한 사랑과 배려심, 그리고 보살피는 마음을 말한다. 번뇌와 망상, 욕망이 사라지는 마음과 물질의 공동체가 정토 세계이다. 마르크스에게는 공산주의가 인간의 근원적 소외

---

161) 테리 이글턴 지음(2011), 황정아 옮김(2012), 『왜 마르크스가 옳았는가』, 도서출판 길, 79쪽.
162) 길상 편저(2017), 『불교대사전』, 홍법원, 2187쪽.
163) 홍창성 지음(2019), 『미네소타주립대학 불교철학 강의』, 불광출판사, 110쪽.

와 고통을 해소해 주는 공동체이다.

석가모니에게 자유는 마음의 평화를 찾는 것이다. 석가모니는 깨달음을 통해 영원한 자유의 경지인 열반의 세계를 경험했다고 한다. 석가모니는 우리 삶에 대해서 고정된 '나'가 존재하지 않는다는 무아를 설파했다. 인간에게 최대의 자유는 열반의 세계에 드는 것이다. 석가모니에게 진정한 자유의 세계는 어떠한 번뇌도 일어나지 않고 고통이 없는 세계, 즉 열반의 세계이자 정토 세계로 드는 것이다. 마르크스에게 자유의 세계는 소외가 해소되어 인간이 자기가 일한 만큼 제대로 받는 세계, 사적 소유가 철폐되어 진정한 공유의 세계가 펼쳐지는 세상이다.

인간 누구나 성주괴공成住壞空과 생로병사生老病死의 변화를 겪고, 최소한의 음식을 섭취해야 한다는 것은 필연의 영역이다. 무상과 무아의 원리를 깨달아서 번뇌와 고통을 없애는 것은 자유의 영역이다.

석가모니는 무상과 무아의 원리를 깨달아 자유의 길로 들어서라 했고, 마르크스는 노동의 대가를 제대로 받고 사적 소유를 없애는 평등한 자유의 나라로 들어서라 했다. 석가모니는 인간이 생존하기 위해서는 무엇인가를 먹고, 입어야만 한다는 것을 분명히 알고 있었다. 생존을 위한 최소한의 생활 유지는 필연의 영역이다. 다만 그는 인간의 생존 유지는 최소한에 그쳐야 한다고 설파했다. 마르크스는 노동자는 살기 위해서 노동하는 것이라 했다.

"그는 노동을 자기 삶으로까지 생각하는 일이 없으며, 오히려 노동은 그의 삶의 희생일 뿐이다. 노동은 그가 제삼자에게 넘겨 버린 하나의 상품이다. 따라서 그의 활동의 산물 또한 그의 활동의 목적이 아니다."[164]

자본주의하에서 노동력은 또 하나의 '사고 팔리는 상품'이 되어버렸다. 노동력의 판매가 유일한 수입원인 노동자는 자본가에게 자신의 노동력을 팔아서 생계를 유지할 수밖에 없다. 하지만 자본주의에서는 인간의 노동조차도 마구 쓰고 버릴 수도 있고 최대의 이윤을 남길 수도 있는 '소모품적' 상품이 돼버렸다. 인간 노동이 성스럽고 고귀하다는 말은 이제 낡은 사전에나 나올 법한 말이 돼버렸다.

욕망의 무한성을 극복하기 위해서는 이제 가치 있는 삶이 무엇인지에 관한 깊은 성찰이 있어야 한다. 삶의 풍요로움이란 물질적 부만을 의미하지는 않는다. 여기에는 정신적 삶도 포함되어야 한다. 하지만 우리 인간들은 많이 먹고, 입고, 마구 쓰고, 마구 버리는 것을 최대의 낙으로 생각한다. 소비자본주의는 인간의 욕망을 최대한 끌어올려 소비를 극대화하고 있다. 정신적 풍요와 물질적 풍요는 상호관계적이다. 마음을 고요하게 하고 비우게 되면, 마음의 평화와 정신적 풍요를 누릴 수 있지만, 물건이나 사물의 물질적 소유에만 집착하면 정신적 풍요를 이룰 수 없다. 물질적 집착은 마음으로 다스릴 수 있다. 어떠한 행위, 그것이 정신적 행위적이든 육체적 행위이든 간에 이를 제어하고 다스리는 것은 마음이다. 불교의 특징으로 '무소유'를 거론하곤 하는데, 이보다 더 중요한 것은 '무집착無

---

164) 최인호 역(1991), 「임금 노동과 자본」, 칼 마르크스·프리드리히 엥겔스 지음, 『칼 맑스/프리드리히 엥겔스 저작 선집 1』, 박종철 출판사, 550~551쪽.

執着'이다. 무소유도 중요하지만, 욕망이나 집착에서 벗어나는 것이 더 중요하다. 석가모니의 정신적 행은 마음의 평화를 가져다주고, 마르크스의 신체적 행은 물질적 평등을 가져다준다.

마음의 평화를 이루려면 최소한의 물질적 평등이 보장되어야 한다. 대다수 사람은 남과 비교하여 자유와 행복을 저울질한다. 한국은 불평등이 아주 심하다고 한다. 불평등의 해소를 위해서는 빈부격차의 해소, 가진 자와 가지지 못한 자의 불평등이 해소되어야 한다. 이를 위해서 사적 소유에 대한 욕망의 절제가 필요하다.

인간성 회복을 위한 존엄성과 자긍심의 고취도 필요하다. 우리는 공동선을 향해 앞으로 나아가야 한다. 하나의 방법은 욕망과 탐욕을 억제하여 괴롭지 않을 방법을 찾는 것이다. 또 하나의 방법은 소비와 분배 영역에서의 평등을 추구하는 것이다. 우리 모두 공동선을 찾기 위해 자비심과 함께 타인에 대하여 배려하는 선한 마음을 갖도록 하자.

〈참고 문헌〉

고병권·이진경 외 지음(2015), 『코뮌주의 선언, 우정과 기쁨의 정치학』, 교양인.

권서용 옮김(2014), 『불교 인식론과 논리학』, 운주사.

권오민 지음(2003), 『아비달마불교』, 민족사.

길상 편저(2017), 『불교대사전』, 홍법원.

김미숙 지음(2007), 『인도불교사』, ㈜살림출판사.

김월운 옮김(2015), 『잡아함경 1』, 동국역경원.

김월운 옮김(2015), 『잡아함경 2』, 동국역경원.

김월운 옮김(2015), 『잡아함경 4』, 동국역경원.

김월운 옮김(2008), 『중아함경 4』, 동국역경원.

김월운 옮김(2015), 『증일아함경 3』, 동국역경원.

김행선 지음(2010), 『초기 경전에 나타나는 석가모니의 생애와 사상』, 선인.

김희성 지음(2020), 『인도철학사』, 소나무.

나가르주나 지음, 이태승 옮김(2012), 『근본중송根本中訟』, 지식을만드는지식.

다르마키르티(2021), 권서용 옮김(2021), 『인식론평석: 지각론』, 그린비.

데오도르 체르바츠키 지음(1930), *BUDDHIST LOGIC* Ⅰ, 임옥균 옮김(1995), 『佛敎論理學 Ⅰ』, 경서원.

데오도르 체르바츠키 지음(1930), *BUDDHIST LOGIC* Ⅱ, 임옥균 옮김 (1995), 『佛敎論理學Ⅱ』, 경서원

데이비드 하비 지음(2021), 강윤혜 옮김(2021), 『자본주의는 당연하지 않다』, 선순환

로버트 C. 터커 지음(1982), 김학준·한명화 옮김(1982), 『칼 마르크스의 哲學과 神話』, 한길사.

리처드 곰브리치 지음(2018), 송남주 옮김(2018), 『곰브리치의 불교 강의, 붓다 사유의 기원과 위대한 독창성』, 불광출판사.

마르크스·레닌주의연구소 지음, 김대웅·임경민 옮김(2018), 『마르크스 전기1』, 노마드.

마르크스·레닌주의연구소 지음, 김대웅·임경민 옮김(2018), 『마르크스 전기2』, 노마드.

마이클 하트·안토니오 네그리 지음(2001), 윤수종 옮김(2001), 『제국』, 이학사.

마크 존슨(2007), 김동환·최영호 옮김(2012), 『몸의 의미』, 동문선.

머레이 북친 지음(2012), 서유석 옮김(2012), 『머레이 북친의 사회적 생태론과 코뮌주의』, 메이데이.

모리스 블랑쇼·장 뤽 낭시 지음(2005), 박준상 옮김(2005), 『밝힐 수 없는 공동체/마주한 공동체』, 문학과 지성사.

목경찬 지음(2019), 『연기법으로 읽는 불교』, 불광출판사.

목경찬 지음(2012), 『유식불교의 이해』, 불광출판사.

목경찬 지음(2020), 『정토, 이야기로 보다』, 담앤북스.

빅 맨스필드 지음(2008), 이중표 옮김(2021), 『불교와 양자역학』, 불광출판사.

사이토 고헤이 지음(2020), 김영현 옮김(2021), 『지속불가능 자본주의, 기후위기 시대의 자본론』, 다다서재.

석지현 옮김(2016), 『법구경』, 민족사.

소연방과학아카데미 지음(1975), 문성원 외 옮김(1990), 『맑스주의 변증법의 역사 Ⅰ』, 한울림

연구공간 L 엮음(2012), 『자본의 코뮤니즘, 우리의 코뮤니즘』, 난장.

오노 모토이(小野 基)(2012), 「진리론–지각의 이론과 그 전개」, 카츠라 쇼류 외 지음(2012).

용수 지음(2018), 신상환 옮김(2018), 『중론』, 도서출판b.

움베르또 마뚜라나 지음(2004), 서창현 옮김(2005), 『있음에서 함으로』, 갈무리.

이도흠 지음(2018), 「포스트휴먼 시대의 대안으로서 붓다와 맑스의 대화」, (사)한국불교학회 2108년 추계학술대회 발표문, 2018. 12.15.

이숙자 지음(2017), 『Who? 세계인물 카를 마르크스』, ㈜스튜디오다산.

이중표 지음(2018), 『붓다의 철학, 중도, 그 핵심과 사상체계』, 불광출판사.

이진경 지음(2014), 『맑스주의와 근대성』, 그린비.

이진경 지음(2016), 『불교를 철학하다』, 한겨레출판.

이학종 지음(2021), 『붓다 연대기: 완전한 분, 붓다의 위대한 삶과 가르침』, 불광출판사.

임봉욱 지음(2015), 『소통과 협력의 신화』, 커뮤니케이션북스.

임동욱 지음(2017), 『인간 소통 발전의 역사』, 커뮤니케이션북스.

임마누엘 칸트 (2006), 백종현 옮김(2006), 『순수이성비판 1』, 아카넷.

장 뤽 낭시 지음(2010), 박준상 옮김, 『무위의 공동체』, 인간사랑.

제이슨 바커 엮음(2013), 은혜·정남영 옮김(2013), 『맑스 재장전, 자본주의와 코뮤니즘에 관한 대담』, 도서출판 난장.

조너선 하이트 지음(2012), 왕수민 옮김(2014), 『바른 마음』, 웅진 지식하우스.

조윤제 지음(2020), 『다산의 마지막 공부, 마음을 지켜낸다는 것』, 큰 글자 책, 청림출판.

조정환 지음(2011), 『인지자본주의』, 갈무리.

조중걸 지음(2018), 『비트겐슈타인 논고 해제』, 북핀.

조지 레이코프·마크 존슨 지음(1999), 임지홍·윤희수·노양진·나익주 옮김(2002), 『몸의 철학』, 도서출판 박이정.

카를 마르크스(2021), 『유대인 문제에 관하여』, 김현 옮김(2021), 책세상.

카를 마르크스·프리드리히 엥겔스 지음(2015), 김대웅 옮김(2015), 『독일 이데올로기』, 두레.

카를 마르크스·프리드리히 엥겔스 지음(2015), 서설/주해 개레스 스테드먼 존스, 권화현 옮김(2015), 『공산당 선언』, 펭귄클래식 코리아.

칼 마르크스(2016), 김문수 옮김(2016), 『경제학·철학 초고/자본론/공산당 선언/철학의 빈곤』, 동서문화사.

칼 마르크스 지음, 김태경 옮김(1987), 『경제학·철학 수고』, 이론과 실천.

칼 마르크스 지음, 김호균 역(1988), 『정치경제학 비판을 위하여』, 중원문화.

칼 마르크스·프리드리히 엥겔스 지음(1991), 『칼 맑스/프리드리히 엥겔스 저작 선집 1』, 박종철 출판사.

테리 이글턴 지음(2011), 황정아 옮김(2012), 『왜 마르크스가 옳았는가』,

도서출판 길.

프리드리히 엥겔스 지음, 김민석 옮김(1987), 『반 듀링론』, 도서출판 새
　　　길.

철학사전편찬위원회(2009), 『철학사전』, 도서출판 중원문화.

최민자 지음(2011), 『동서양의 사상에 나타난 인식과 존재의 변증법』, 모
　　　시는사람들.

최인호 역(1991), 「임금노동과 자본」, 칼 마르크스·프리드리히 엥겔스 지
　　　음, 『칼 맑스/프리드리히 엥겔스 저작 선집 1』, 박종철 출판사.

최현석 지음(2009), 『인간의 모든 감각』, 서해문집.

홍성현 지음(2015), 『마르크스주의자들의 종교 비판을 넘어서서』, 한울.

황세연 지음(2011), 『변증법이란 무엇인가?』, 중원문화.

홍창성 지음(2020), 『연기와 공 그리고 무상과 무아』, 운주사.

九留間鮫進 엮음, 김한민 옮김(1988), 『마르크스 경제학 연구지침』, 도서
　　　출판 솔밭.

水野弘元 著(1972), 金炫 譯(1993), 『原始佛敎』, 도서출판 벽호.

增谷文雄 著(1984), 이규택 역(1984), 『佛陀時代』, 경서원.

D.J. 칼루파하나 지음(1992), 김종욱 옮김(1996), 『불교 철학사』, 시공사.

D.J. 칼루파하나 지음(1976), 나성 옮김(2019), 『불교철학, 역사 분석』, 이
　　　학사.

F. Engels(1962), *Dialektic der Natur*, 윤형식·한승완·이재영 공역
　　　(1990), 『자연변증법』, 중원문화.

G. Deleuze(1981), *Lecture Transcripts on Spinoza's Concept of Affect*,

서창현 외 옮김(2005), 『비물질 노동과 다중』, 갈무리.

H. Maturana. and Francisco Varela(1984), *Der Baum der Erkenntnis*, 최호영 옮김(2007), 『앎의 나무, 인간 인지능력의 생물학적 뿌리』, 갈무리.

Jim Holt(2012), *WHY DOES THE WORLD EXIST? An Existential Detective Story*, 우진하 옮김(2013), 『세상은 왜 존재하는가』, 21세기북스.

K. Marx(1976), *Capital*, 金秀行 譯(1989), 『資本論 Ⅰ[上]』, 比峰出版社.

K. Marx(1976), *Capital*, 金秀行 譯(1989), 『資本論 Ⅰ[下]』, 比峰出版社.

K. Marx(1989), *Capital*, 金秀行 譯(1990), 『資本論 Ⅲ[下]』, 比峰出版社.

Karl Marx(2008), *CONTRIBUTION TO THE CRTIQUE OF HEGEL'S PHILOSOPHY OF RIGHT*, in Karl Marx and Friedrich Engels, *On Religion*, NY: Dover Edition.

Nick Surnick(2016), *PLATFORM CAPITALISM*, 심성보 옮김(2020), 『플랫폼 자본주의』, 킹콩북.

Raymond Williams(1980), *Problems in materialism and culture*, London:Verso Editions and N.L.B.

R. Gruntman(1991), *Marxim and Ecology*, 박만준·박준건(1994) 옮김, 『마르크스주의와 생태학』, 동녘.

T.R.V. 무르띠(1958), 김성철 옮김(1999), 『불교의 중심 철학 —중관 체계에 대한 연구—』, 경서원.

석가모니와 마르크스의
공생을 그려본다
– 석가모니와 마르크스의 사상, 사유 체계 비교

초판 1쇄 인쇄	2022년 10월 4일
초판 1쇄 발행	2022년 10월 14일

지은이	임동욱
펴낸이	오세광

펴낸곳	나라연

출판신고번호	제 313-2006-000136호
신고일자	2006년 6월 26일
주소	경기도 시흥시 함송로29번길 54 117동 703호
전화	031-497-0792
팩스	031-497-0798

ISBN   978-89-98388-13-3   03130